隱藏的人格面具

黃國勝——著

The HIDDEN PERSONALITY

我們無時無刻不戴著面具。
哪怕摘掉偽裝的「假面具」後所暴露出來的「真面具」，
也是一個面具。

前言

同一個人在不同的場合會有不同的心理表現，這表示他的內心是由不同的部分所構成，這些部分稱為「人格面具」。

當今社會越來越多元化，一個人只有擁有足夠多的人格面具，才有可能更適應環境。只是面具多了，互相之間難免會發生矛盾。當矛盾達到一定程度時，就會產生內心衝突。一般人處理內心衝突的主要方法有：**壓制**，即強化其中一個面具，打壓另一個面具，使後者「消失」；**分裂**，即把兩個面具分開，輪流「執政」，避免它們同時出場；**整合**，即使兩個面具求大同，存小異，互相和解，和睦相處。

事實證明，用壓制的方法並無法使面具真正消失，只能壓抑它，變成「無意識」。但這個面具依然存在，它躲在暗處，隨時「準備衝出來」。因為它是無意識的，當事人不認識它。當它出來的時候，當事人會覺得非常奇怪：「我怎麼會這樣呢？」會認為自己出現心理障礙了。這意味著，心理障礙是被壓抑的人格面具冒出來的結果，也叫「無意識顯現」。

心理障礙是不受歡迎的。一旦出來，人們就會如臨大敵，想盡辦法把它重新打回去。有時候，**被壓抑的面具並不會試圖衝到前台，而是繼續留在幕後暗中搗亂，對當事人的行為產生干擾，使人無法心想事成**。例如，一個學生很想認真學習，但是一拿起書，就會開始恍神，不知道想到哪裡去。遇到這種情況，很多人本能地知道，這是內心的敵人在作祟。換句話說，敵人往往不在外界，而在內心；不是別人，而是自己。所以，人們必須戰勝自己。怎麼戰勝自己？就是把內心的敵人消滅掉。

然而，人格面具一旦形成，永遠不會消失。所謂消失或消滅，其實就是壓抑。壓抑的面具遲早會衝到前台，導致心理障礙的發作，或者干擾當事人的行為。所以，**壓抑是無法從根本上解決問題的，最好的辦法是接納和整合**。

人格面具是特定的人在特定情境中的心理表現。每一個人格面具都有適宜的情境，都有存在的理由。心理障礙是面具過強、「氾濫成災」的結果。**面具之所以會過強，主要原因是能量得不到釋放，而能量得不到釋放的原因是壓抑**。壓抑導致能量積聚。

能量適中的面具，只有遇到相應的情境，才會被激發出來。如果能量太強，遇到類似的，甚至無關的情境，也會被激發出來。如果能量再強一些，即使沒有情境，也會自我激發。

所以，**治療心理障礙，第一步是識別被壓抑的面具**。如果病人正在發作，那麼，當下的面具就是被壓抑的面具。如果病人已經暫時恢復正常，那就透過病史回顧，找出被壓抑的面具。如果沒有發作，只是干擾，則要把干擾面具揪出來。

第二步，釋放面具的能量。通常藉助於回憶、描述或表演等展示面具的方法。當求助者回憶或描述面具的時候，相應的情緒就會湧上來，彷彿進入那種情境，身歷其境，感同身受，認知和行為也會被帶出來。表演則更直接、更主動地把面具展現出來，把面具的能量釋放掉。

第三步，接納。識別和展示就是初步的接納。病人原來對被壓抑的面具是否認和排斥的，從否認到識別，從排斥（或迴避）到展示，就是從壓抑（敵對或對抗）到接納。在此基礎上，採用「自我對話」、「進入面具」等方式，進一步接納被壓抑的面具，化敵為友。

第四步，安置。面具的能量釋放了，就不再「氾濫成災」，它只對特定情境做出反應。安置意味著承認了被壓抑的面具的「合法地位」，這也是一種接納。

自從榮格提出人格面具的概念以來，人格面具越來越受到人們的關注。許多學派都在涉足這個領域，只是叫法不同，例如：內在的小孩、內部世界或「人物」、「自我狀態」、「個性部分」、「人格意象」、「子人格」或「亞人格」。本書彙整各種說法，再往前推進一點點。

本書共分九章。第一章介紹什麼是人格面具；第二章至第八章用許多案例，生動、具體分析了各種心理現象，例如：人格分裂、決策困難、自我不接納、事與願違、身不由己、假性互動、投射性認同、偽裝、表演等；第九章講解「面具重建技術」。

〔推薦序〕

靈魂煉金從人格面具出發

著名心理諮詢師　李孟潮

好多人都希望透過模仿榮格，而走上自性化之路。好像還有好多人，以為自性化之途大概就是要拋開面具，活出真我的風采。但是人們似乎忘了兩點：

第一，榮格自己的人格面具曾經發展到了頂峰。他在《紅書》（註）開篇有言，自己四十歲時已經名利雙收。他當時已經是國際頂級精神病學家，也是學院心理學重要領軍人物，頂尖大學教授。即便自毀前途，混跡江湖於精神分析圈，居然又成了江湖大佬。他被選為國際精神分析協會的主席，即便有佛洛依德及其朋友的對抗，他仍然高票獲勝連任。眼看他可以踢走佛洛依德，自立為王，當時他卻再次遠離人群喧囂、紅塵名利，回歸田園，一邊做泥瓦匠手工建房，一邊做治療寫書自我分析。不曾經歷外王之風光，何敢妄言內聖之超越？第二，徹底拋棄人格面具，讓榮格吃盡苦頭：一方面接近思覺失調，一方面違背倫常之事不斷發生。直到後來，他終於領悟到煉金妙道在於允持厥中，這才恢復精神系統的平衡性，最終寫出自傳。那時候，他已經七十多歲了。中年自性化的要義之一，是要成為你自己，成為完整的人。那麼，什麼樣的人，才需要如此努力地成為他自己呢？顯然，此人之前用力過猛，拚命成為別人稱許的人。為了成為別人稱許之人，不惜分裂自己。換言之，此人名利雙收，卻丟了自己。榮格便是此種典型。

對於人格面具，榮格認為「它是一種假自我，是一種我們對自身的理念的集合，是我們和周遭環境互動中形成的妥協」。

在心理動力學的歷史中，榮格提出了人格面具後，榮格學派卻很少有人再繼續研究，除了雅可比（Jacobi）在一九六七年出版的《靈魂的面具》，算是一部有分量的作品。個中原因，在我看來有兩點：

其一，「人格面具」這個術語遇到了競爭對手。這是指後來在精神分析學史中，有幾個術語內涵和「人格面具」頗為類似：一個是「防禦機制」（defense mechanism），一個是「自我身分認同」（ego identity），一個是「假自體」（false self）。

人格面具說到底，是一套防禦叢，在應對自我與環境的衝突中發展起來，在青春期它得以固化，形成一個人的人格成分，所謂自我身分認同。這些方面，精神分析的自我心理學派基本上都有了非常精細的研究。如近年來風行的傑瑞姆．布萊克曼（Jerome S. Blackman）的《心靈的面具：一〇一防禦機制》，我們可以看到，無論從定義、發展，還是臨床操作，自我心理學派都有非常精細化的闡述。唐納德．溫尼科特（Donald W. Wiimicott）的假自體一說，也和榮格所言的人格面具有諸多重合之處。

其二，「人格面具」在早期榮格派的分析中相對不重要。大概是因為：一方面，榮格自己四十歲之前的問題，就在於人格面具過於膨脹；另一方面，他自己的個案，也多來自上流社會，這些人的問題在於放下那「過厚」的人格面具。故而時至今日，即便是在國外成熟的榮格派分析師當中，都還會有人把人格面具當作「虛偽」的同義詞使用，更不用說各地很多初學者了。

那麼，目前，在各地，是否也存在人格面具過度膨脹的現象？人格面具是否只是一個無用的累贅，一個需要馬上卸下的負擔呢？這個問題需要我們透過臨床研究來回答，本書《隱藏的人格面具》就是這麼一個研究。

此書中，作者黃國勝醫師在正確理解了人格面具的社會適應功能的基礎上，對人格面具的分類、形成和轉化做出了成功的嘗試，並且配合了眾多案例。透過這些案例我們可以看到：對有的人來說，需要放下僵化的、厚重的人格面具，展現真我的童真，允許靈魂的黑暗浮現；對有的人，則要強化薄弱的人格面具，不能繼續赤裸奔走；有的人的人格面具太破碎，需要得到整合；有的人的人格面具太強化，需要不斷分化。

除了黃國勝外，國際認證分析師、山西大學的范紅霞教授及其學生也做了很多這方面的研究，如《母親意象人格面具與陰影的心理分析及實證研究》、《父親意象人格面具的結構的實證分析與心理分析》，也有馬向真、郭品希等學者對什麼是人格面具進行了研究。

總體上來說，國內的研究比起國際上的研究仍有一定距離，但是也並非遙不可及。我想，下一步對於人格面具的研究應該集中在以下幾個方面：

第一，界定人格面具的內涵與外延。尤其是它與以下兩個概念的區分：身分認同和假自體。

第二，發展臨床上有關人格面具的信度和效度較高的測量工具，用於診斷和療效評估。

第三，結合單一個案研究這種方法，深入探索針對人格面具工作的技術，尤其是各種技術適應症和禁忌症。

第四，以上各種技術在具體的各種障礙的治療過程中，如何與治療師的個性匹配，如何影響治療師的人格發展，這是治療過程變化動力學的重要內容。我們知道，所謂「治療師的職業自我」，其實也是一種人格面具，這種人格面具什麼階段應該強化，什麼階段應該放下，是非常值得探索的。迄今為止，作者只看到在榮格學派的移情煉金術和精神分析關係學派中有相關闡述。

第五，也是最重要的，在華人社會的文化背景下，人格面具如何建構和消解。尤其是，傳統文化對人格面具有何影響。例如，我們知道，儒家是提倡人格面具的修養，所謂「化性其偽」「存善去惡」即是；《荀子・性惡》甚至說「故聖人化性而起偽，偽起而生禮義，禮義生而制法度」；而《周易・文言》中甚至體會到這種過程是一種美學修養：「君子黃中通理，正位居體，美在其中，而暢於四支，發於事業，美之至也。」這和榮格所提的自性化煉金中，人格面具與陰影的激烈交戰迥乎不同。那麼，這是由於古人太過虛偽，人格面具過度膨脹，以至於完全體會不到陰影的存在嗎？還是古人另闢蹊徑，有一套獨特的方法，讓他們不至於陷入榮格所描述的各種自性化陷阱中？

詩人有言：「塗脂抹粉勻，轉眼四時春。莫笑三分假，方為座上賓。」人生如戲，人生如夢，夢中演戲，自不免要戴上面具。關鍵是，這個面具的分寸感是否可以恰當地掌握在「三分假」的程度？

註：《紅書》拉丁文書名為《新書》（*Liber Novus*）。約創作於一九一四年到一九三〇年間，記錄了榮格的夢境、靈魔與精神追尋歷程。

〔推薦序〕

讓這本書成為你改變人生的起點

心理學作家　海苔熊

你知道嗎？你的心裡面其實住著很多不同的人格。這並不是說你人格分裂，而是說：「正常的情況下，我們會用不同的自己來面對人生不同的困境。」這本書花了很多的篇幅在描述這些人格如何協助你，在你人生困頓的時刻，做出一些反應。

然而，**天下沒有白吃的午餐，所有的甜頭都有它的代價。當你戴上了這些「任務面具」，如果沒有保持覺察，就會不小心陷入它們的好處當中，同時也讓面具的陰影來覆蓋你。**於是，你可能不知不覺就會裝可憐、在其他人面前用某一種頤指氣使的模樣、成人際關係當中的拯救者、或者是在感情關係當中，覺得自己是那個永遠會被丟掉的孤兒。當然，如果面具帶了太久，很可能就會拔不下來，於是陷入作者所說的一些心理障礙。不過，對我來說，這些障礙並不是真正的心理疾病，而是「使用面具失調」而已，當我們可以運用作者在書最後面的幾個方法，來整合、分化和安置自己，內在那個不安、焦慮、恐懼、對立、矛盾的自己，也有機會被撫平。

其實榮格的理論博大精深，各家的詮釋也都不盡相同，如果你對榮格的理論有興趣，可是又不知道從哪一本書開始；如果你早就發現心裡常常會有不同的聲音，而且這些聲音有些時候會「占據」你的身體，習慣性地出一些事或說出一些話；如果你習慣在別人面前，總是戴上某一種面具，然後覺得在生活當中沒有任何時候可以做真正的自己，那麼這本書可能會是，改變你人生的一個起點。

當你能夠整合和安頓心中的各種面具，那些陰影就不會籠罩你，而面具成為你人生重要的武器，陪你一起度過風風雨雨。

CONTENTS

目錄

PART 2

你方唱罷，我登場——分裂的人格面具

PART 3

自己何必為難自己？——對抗的人格面具

PART 6

主導面具與潛在面具的拉鋸戰——面具干擾

PART 7

所有的人際互動都是面具互動——投射

PART 8

面具≠假面具

PART 9

心理障礙的治療：面具重建技術

PART 1

瞭解人格面具的祕密

認識你自己

什麼是人格面具？人格是由人格面具所構成，每個人都有許多人格面具，每一個人格面具都有適宜的情境。**人格就是一個人所擁有的人格面具的總和，而一個人格面具就是人格的一個側面，或者「部分」，也稱「子人格」或「亞人格」**。

傳統心理學把心理現象分解為感覺、知覺、記憶、思維、意志、情感等心理元素，而人格面具認為，心理現象除了這些心理元素（即「個別心理現象」）之外，還有「整體心理現象」，它們是人性、人格和人格面具。人性是由一個個活生生的人格構成的，而人格則是由一個人在不同的情境中的表現（即人格面具）構成的。

人格面具之間的關係錯綜複雜，可以是友好的，也可以是疏離的，或者對立的。對立會導致分裂和壓抑，而壓抑會導致發作、干擾和投射。這意味著，**面具關係友好，則人格統一，心理健康；面具關係疏離或對立，則人格不統一，心理不健康。心理障礙本質上就是面具疏離、對立、不友好。**

人的心理活動都是透過特定的情境表現出來的。所以，一切心理活動都是人格面具的顯現。同樣地，一切心理障礙都是面具障礙。因此，心理諮詢和心理治療就是對人格面具進行處理或重建。

什麼是人格面具？

人格面具（persona）一詞最早由榮格提出，意指人在社會交往過程中形成的行為規範或模式。它是社會化和社會適應的產物。

榮格把人的心理活動分為意識、個人無意識和集體無意識。集體無意識是家族、種族乃至全人類的心理活動的總匯，也就是人性。它由許多原型構成，最主要的原型是自我和自性、阿尼姆斯（女子身上的少量男性特徵）和阿尼瑪（男子身上的少量女性特徵）、人格面具和陰影（shadow）。**陰影相當於人的動物性，人格面具就是人的社會性。**

人是社會的動物。人一出生就會與他人發生連結，第一個連結對象通常是母親。**嬰兒把母親的音容笑貌刻印在腦子裡，形成最原始的「媽咪面具」。與此同時，他把與母親互動的經驗記錄下來，形成「寶寶面具」**。寶寶面具是自己用的，屬於主體面具；媽咪面具是用來識別、評估和預測母親的，屬於客體面具。隨著年齡的增長，認識的人越來越多，客體面具不斷增多，主體面具也相應地增多。**成長就是不斷形成新的人格面具的過程。人格面具越多，人格越豐富多彩，越能適應各種不同的環境，順利地與各種各樣的人打交道。**

一個人格面具就是人格的一個側面，或者人格在時間線上的一個幾何空間，通俗地講，就是一個人在某個時段的心理表現。它本身就是一個完整的人，只是沒有過去和將來。此時他用了這個人格面具，過去和將來可能會用別的人格面具。所以，人格面具擁有與人格相同的結構和內容。它是知、情、意的統一，有自己的人格傾向和人格特徵，例如：需要、動機、興趣、愛好、能力和性格等。再具體一點，每個人格面具都有自己的名字、性別、年齡、性格、愛好、行為方式、打扮習慣和外貌特徵。

說起人格面具，人們自然就會想到「假面具」，並且對人格面具後面的「真面目」特別感興趣。其實，人格面具沒有真假之分，只有公開、隱私和獨處之別。在公共場合使用的是「公開面具」，在私人場所使用的是「隱私面具」，在獨處的時候使用的是「獨處面具」。

人格面具理論認為，人格是由人格面具構成的。人們在不同的場合使用不同的人格面具，表現出不同的人格特質和人格類型。例如，一個人在朋友面前能言善道，在主管面前噤若寒蟬，他到底是開朗還是拘謹？外向還是內向？我們只能說，他在朋友面前開朗、外向，在主管面前拘謹、內向。每個人都有許多人格面具，以適應不同的交往對象。適應能力越強、心理越健康的人，人格面具越多，人格越豐富多彩。

人格面具多，說明「分化」比較好。但是，這不是心理健康的唯一條件。還有一個條件，就是「整合」。如果人格面具之間是疏離的，人格就會支離破碎，像一盤散沙。這樣的人，總是不斷有意見，反覆無常。剛剛做了一個重要的決定，過一會兒就反悔，而且常常出爾反爾、言而無信。如果人格面具之間是互相對立的，就會內心衝突不斷。這樣的人往往都有決策困難。因為他的一部分人格面具想做某件事，而另一部分人格面具不想做這件事，雙方意見相左，無法達到一致。或者，一部分人格面具正在努力做某件事，而另一部分人格面具暗中搗蛋，結果身不由己，事與願違。這些都是心理不健康的表現。**心理健康的人，人格面具之間是和諧融洽、協調友好。**

要想瞭解一個人的人格，最好的辦法是查清他的所有人格面具。然而，這是不可能的，因為工程太大了。比較實際的作法是，用使用頻率最高的幾個人格面具來描述人格。這樣的人格面具稱為「主導面具」。主導面具可以是一個，也可以是兩、三個，或者四、五個。採用面具技術做心理諮詢，一般都能查出十幾個人格面具。多的有三、四十個，這還不是全部。

大多數人所理解的「假面具」，通常是指與主導面具不太統一的人格面具，而所謂的「真面目」基本上就是指主導面具。換句話說，人格面具的真和假，取決於它與主導面具之間的關係。與主導面具親密、友好的，就是真面具；與主導面具疏離或者對立的，就是「假面具」。

有哪些人格面具？

為了便於研究，有必要對人格面具進行分類。人格面具可以按適用場合的不同而分為公開面具和隱私面具；按人格面具本身的複雜程度而分為人物面具、角色面具、原型面具；按人格面具是否正常而分為正常面具和病態面具；按年齡不同可分為兒童面具和成人面具；按性別不同可分為男人面具和女人面具；按人格面具的形成方式和作用的不同可分為主體面具和客體面具；按面具是否常用可分為主導面具和非主導面具。

1 公開面具和隱私面具

人格面具可以按適用場合的不同而分為公開面具和隱私面具。具體地，**公開**

或隱私面具又分為外交面具、職業面具、社交面具、朋友面具、家庭面具、夫妻面具和獨處面具。

外交面具適用於非常正式的外交場合和外事活動，以及談判、調解等。它有非常嚴格的行為規範，不能馬虎，不能感情用事。

職業面具是工作情境中的人格面具。如果一個人的職業是官員、軍人、警員、外交官、談判專家或間諜，那他的外交面具和職業面具就沒有區別了；而對於其他人來說，外交面具和職業面具是有明顯區別的。外交面具比職業面具更正式、更隆重、更莊嚴、更刻板、更儀式化。當然，職業面具本身也存在著正式程度的差別。例如，公務員面具相對正式一些，服務員面具隨意一些，社區工作人員面具就更隨意了。

社交面具是指人在社交場合和社會活動中所使用的人格面具。如果一個人的職業是「社會工作者」，那他的社交面具就是職業面具；對於其他人來說，社交面具比職業面具要隨意一些，但仍需要注意自我形象。

朋友面具就是和朋友在一起時所使用的人格面具，比社交面具更加隨意。有的人認為，和朋友一起是最輕鬆的，比在家人面前更加放得開。有些話不能跟家人和配偶說，卻可以在朋友面前暢所欲言。

家庭面具就是和家人，尤其是父母、兄弟姐妹以及子女在一起時所使用的人格面具。夫妻面具是家庭面具的組成部分，但與其他家庭面具有明顯的區別。因為涉及性，所以更加隱密，更加親密。

獨處面具就是一個人獨處時所使用的人格面具，因為沒有別人，可以無拘無束，自由自在，有些孩子氣的行為都會表現出來。一個人獨處的時候最放得開，所以許多人把獨處面具理解為「真我」，或者「真面目」。其實，獨處面具頂多只能算是一個人的「兒童我」，絕非成年期的真我。儒家講「慎獨」，說明獨處的時候仍然要遵守某些社會規範。需要注意的是，有的人沒有獨處面具，因為他無法獨處。一旦獨處就會渾身不自在，必須隨時都有別人陪伴。這也說明，獨處面具不等於真我。

2 人物面具、角色面具和原型面具

按人格面具本身的複雜程度可分為人物面具、角色面具和原型面具。**人物面具對應於某個具體的人，可以是現實生活中的人**，例如：父母、兄弟姐妹。也可以是從沒見過面的人，例如：秦始皇、韓信。甚至可以是根本不存在的人，例如：賈寶玉、李雲龍，或者是「卡通人物」，例如：多拉A夢、喜羊羊。這些人物本身就有許多人格面具，在不同的場合有不同的表現，所以人物面具是不純淨的，屬於複合面具或組合面具，可以再分為更單純的角色面具或原型面具。換句話說，人物面具是角色面具和原型面具的組合。

相對來說，**角色面具要純粹一些，它與角色相對應，只適用於特定的場合。角色面具一般分為職業面具、家庭面具和社會面具。**職業面具就是與職業或工作相對應的人格面具，適用於工作場合，例如：教師面具、醫生面具、警員面具等。家庭面具就是在家裡使用的人格面具，例如：父親面具、母親面具、兒子面具、女兒面具、丈夫面具、妻子面具等。社會面具是指除職業面具和家庭面具之外的角色面具，例如：顧客面具、朋友面具、英雄面具、小偷面具等。

原型面具是更純粹的人格面具。一個原型面具只有一種功能，而且是非常重要的功能。不同的原型面具互相組合，就會產生角色面具和人物面具。

佛洛依德認為，父親、母親、孩子是最基本的社會角色。三者構成最基本的社會結構（即核心家庭），其他社會結構和組織都是它的翻版。例如：一個單位裡有正副主管和一群員工，最小的組織也有組織成員、宣傳成員和普通成員。所以，可以把父親面具、母親面具和孩子面具列為原型面具。需要注意的是，這裡所說的父親、母親與現實生活中的父親、母親有很大的區別，它們是抽象的。父親面具的特點是疏離、獨立、放任、信任、責任，母親面具的特點是親密、依賴、管束、干涉、控制。在行為塑造方面，父親面具傾向於懲罰和止惡，母親面具傾向於獎勵和揚善。父親面具內化而形成良心，母親面具內化而形成自我理想，兩者共同構成超我。

奧地利精神分析學家梅蘭妮·克萊因（Melanie Klein）認為，最基本的社會角色不是父親、母親、孩子，而是好父母、壞父母、好孩子、壞孩子。好父母分兩種：愛心大使和明君。愛心大使會給孩子無條件的愛，也就是說愛心大使既鼓勵善，也鼓勵惡，所以，孩子不管做什麼，他都會支援。在別人看來，愛心大使揚善揚惡。愛心大使和明君都是好父母，區別在於，前者是無條件的、揚善揚惡的；後者是有原則的、懲惡揚善。壞父母也分兩種：惡魔和昏君。惡魔是不管孩子做什麼，或者什麼也不做，他都予以打擊。也就是說惡魔既打擊善，也打擊惡，懲善懲惡。惡魔和昏君都是壞父母，區別在於，前者全部打擊、懲善懲惡；後者是非顛倒、懲善揚惡。

相應地，好孩子也有兩種：幸運兒和討好者。幸運兒趨善又趨惡，討好者趨善避惡。幸運兒自我感覺好，討好者希望別人說他好。壞孩子也有兩種：苦命人和叛逆者。苦命人避善避惡，叛逆者趨惡避善。苦命人自我感覺不好，叛逆者希望別人說他不好。具體地，苦命人又可分成兩種：一種叫「棄嬰」，主要是缺愛；一種叫「受害者」，主要是受到「虐待」。兩者都有辦法自保，例如：討好，或者反抗。一般說來，棄嬰比較傾向於討好，受害者比較傾向於反抗，這樣就衍生出「討好者面具」和「叛逆者面具」。如果討好和反抗成功了，則會進一步衍生出「幸運兒面具」。

3正常面具和病態面具

從臨床角度考量，可以把具有精神病或神經症等病理特徵的人格面具列為病態面具。病態面具分為類精神病面具、類神經症面具、類人格障礙面具、類性變態面具等。

類精神病面具包括單純型面具、青春型面具、偏執型面具、緊張型面具、躁狂面具、憂鬱面具等。

類神經症面具包括焦慮面具、恐懼面具、強迫面具、軀體化面具、神經衰弱面具等。

類人格障礙面具包括分裂面具、偏執面具、迴避面具、依賴面具、強迫面具、自戀面具、表演面具、反社會面具、邊緣面具、被動攻擊面具等。

類性變態面具包括變性癖面具、同性戀面具、戀物癖面具、施虐狂面具、受虐狂面具、窺視癖面具、暴露癖面具等。

4 兒童面具和成人面具

按年齡的不同，可以把人格面具分為兒童面具和成人面具。還可以把兒童面具進一步分為嬰兒面具、幼兒面具、兒童面具（學齡期）、青少年面具；成人面具也可以進一步分為青年面具、中年面具、老年面具。

兒童面具的特點是天真無邪、童言無忌、自我中心、情緒化、人際界限不清、「黑白分明」（把人分為好人和壞人，也就是理想化和妖魔化）。成人面具的特點是節制、理智、客觀、中立、人際界線清楚。因此，**成人面具適合在公開場合使用，兒童面具不適合在公開場合使用。**

按精神分析的觀點，兒童面具就是病態面具，兒童面具和病態面具之間具有對應關係。例如，嬰兒面具對應類精神病面具，剛出生的嬰兒都是精神病；幼兒面具對應於人格障礙面具，學齡期都變成了人格障礙；青少年面具對應於類神經症面具，青春期變成了神經症；到了成年期才都變成正常人。這意味著，心理障礙是兒童面具跑到前台控制了整個人格的結果。

5 男人面具和女人面具

按性別的不同，可以把人格面具分為男人面具和女人面具。每個男人都有女人面具（榮格稱之為「阿尼瑪」），每個女人都有男人面具（榮格稱之為「阿尼姆斯」）。男人面具和女人面具通常由父親面具和母親面具演變而來。一個人的「性度」是由男人面具和女人面具的比例決定的，男人面具越多越「男性化」，女人面具越多越「女性化」，兩者一樣多就是「中性化」。

對於男人來說，男人面具是外顯面具，女人面具是內隱面具。**女人面具除了平衡性度之外，還有一個非常重要的作用，那就是「擇偶標準」。他會以內在**

每個男人都有女人面具，榮格稱之為「阿尼瑪」對於女人來說，女人面具是外顯面具，男人面具是內隱面具和擇偶標準。

的女人（女人面具）為標準選擇對象。

6 主體面具和客體面具

按人格面具的形成方式和作用的不同，可以分為主體面具和客體面具。

主體面具是透過實踐或身體力行而形成的，是個體在與他人互動的過程中自己的言談舉止和思想感情的內化。例如，一名服務員在學習和工作中漸漸形成服務員面具。這個服務員面具就是他的職業面具，到了上班時間就會自動戴上這個人格面具。

客體面具是透過觀察別人的言談舉止而獲得的，是互動對象的行為和心理活動的內化，是用在別人身上以便識別、評估和預測別人的行為。例如，某人的上司是一個很有個性的人，有非常突出的心理特徵和生活習慣。

在與上司的接觸中，當事人形成了「上司面具」。有了這個人格面具，就能在熙熙攘攘的人群中，輕而易舉地識別出誰是上司，並且能夠預測上司在什麼

情況下，會有什麼表現。

7 主導面具與非主導面具

每個人都有許多面具，有些經常用，有些很少用，經常用的就是主導面具。一個人的人格主要是由主導面具所決定的，所謂「真我」，也就是主導面具。主導面具可以只有一個，也可以有好幾個。

從某種意義上講，主導面具等於面具錯用。因為成為主導面具，就意味著這個面具已經超出了適用範圍，侵入了其他面具的領地，在本來應該選用其他面具的場合依然使用了這個面具。但是，如果別人不在意，不傷害別人，沒有導致人際衝突，錯用一下也無妨。

人格面具的形成和轉化

1 人格面具的形成

人格面具主要是透過內化和實踐兩種方式形成的。**內化也稱「模仿」，就是把他人的音容笑貌、言談舉止乃至思想感情記錄下來，形成客體面具。實踐，就是透過身體力行把自己的言談舉止和思想感情記錄下來，形成主體面具。**

剛出生的嬰兒沒有人格面具，只有「陰影」，因為他還不是社會人。出生以後，他得到了別人的照顧，通常是母親。在和母親接觸的過程中，他把母親的音容笑貌和言談舉止進行內化而形成「媽咪面具」（即客體面具）。與此同時，他把與母親互動過程中形成的行為模式記錄下來，形成「寶寶面具」（即主體面具）。

母親對待嬰兒的方式和對待別人的方式是明顯不同的，「媽咪面具」只是母親的一個人格面具，而不是全部。媽咪面具是為寶寶量身訂作的，在和寶寶的互動中不斷地自我調整，以適應寶寶。

到六個月的時候，孩子開始認生，表示媽咪面具已經非常強大，他能輕而易舉地區別出母親和陌生人。同時，他用媽咪面具預測母親的行為，如果母親的表現不符合媽咪面具的一貫作風，孩子就會哭鬧。

有了媽咪面具，就會有「非媽咪面具」。媽咪面具是確定的、可以預測的，非媽咪面具是不確定的、無法預測的。所以，當母親使用非媽咪面具時，孩子會感到不安，甚至恐慌。**按客體關係理論，媽咪面具就是好母親或好客體，非媽咪面具就是壞母親或壞客體**。人有避苦趨樂的傾向，孩子保留媽咪面具，排斥非媽咪面具，並把非媽咪面具投射到外界。這就是分裂（媽咪面具和非媽咪面具）、壓抑（排斥非媽咪面具）和投射。

隨著年齡的增長，孩子會認識一些小朋友及他們的母親。從而形成「小朋友的母親面具」。小朋友的母親面具和自己的媽咪面具相結合，形成角色性的「母親面具」。媽咪面具是具體、形象、生動、個別的，角色性的「母親面具」是抽象、概括、概念化、一般的。媽咪面具是人物面具，母親面具是角色面具。這說明，**人格面具的形成遵循從個別到一般、從具體到抽象、從人物面具到角色面具的規律**。其他人格面具的形成也是如此，例如：醫生面具，總是從某個具體的、給自己看過病的醫生開始，形成某某醫生面具。後來認識的醫生多了，互相混和、抽象，形成角色性的醫生面具。

人格面具都是成對形成的，一個客體面具和一個主體面具互相對應。例如，有一個老師面具，就會有一個學生面具；有一個醫生面具，就會有一個病人面具。如果老師面具是客體面具，那麼，學生面具就是主體面具；反之亦然。

2 人格面具的轉化

一般說來，客體面具是用在別人身上的，主體面具是自己用的。但是，客體面具和主體面具可以轉化。**把客體面具變成主體面具，稱為「認同」**。佛洛依德區分了三種認同，即喪失認同、權威認同、與迫害者認同。

喪失認同是指一個相處較長時間的客體突然消失或去世，當事人會變得像那個客體。其原理是，在相處的過程中，當事人把對方內化，形成客體面具。現在對方不在了，原本由他承擔的工作就會被擱置，當事人便不得不把客體面具轉化為主體面具。即戴上對方的人格面具，代替對方行事。

權威認同是指，把權威或崇拜對象內化，形成客體面具。在特定條件下把客體面具變成主體面具，用在當事人身上，像權威那樣行事。如果權威喜歡別人複製自己，就會鼓勵當事人模仿他，從而促成權威認同；如果權威不喜歡被複製，便會禁止當事人模仿自己，抑制權威認同。

與迫害者認同是指，一個人在受到別人傷害的情境中，會同時形成一個迫害者面具和一個受害者面具。迫害者面具是客體面具，受害者面具是主體面具。如果受害者面具很強，「心甘情願」當受害者，拒絕被解救，就叫「斯德哥爾摩症候群」或「人質症候群」。在特定的條件下，迫害者面具會轉化為主體面具，受害者戴上它，像迫害者那樣去傷害別人，這叫「與迫害者認同」。與迫害者認同和斯德哥爾摩症候群是不同的，但可以並存，表現為一邊臣服於迫害者，一邊像迫害者那樣迫害別人。

喜歡是認同的一個影響因素。如果非常喜歡客體，不等他喪失，就會出現認同，這就是通常所說的「模仿」。追星現象和權威認同就屬於這種情況。不過，權威認同複雜一些，如果權威不允許別人模仿，模仿權威會與權威發生衝突，或者遭到別人的非議，則會妨礙權威認同。

不喜歡會抑制認同的發生，導致不認同，甚至反向認同。例如，父親是一個很獨裁、很暴虐、不戀家的人，孩子長大了卻變得很民主、很溫和、很戀家。反向認同非常普遍，但不是好現象。反向認同意味著面具的分裂和壓抑。當事人有一個客體面具，因為不認同，所以沒有轉換成主體面具，一直擱置不用，但它沒有因此而消失。他會發展出一個與之相反的面具，作為主體面具來使用。這兩個面具互相對立，互相對抗，一個表現在外，一個處於壓抑狀態。與反向認同相比，與迫害者認同似乎更加可取，因為它接納了不喜歡的面具（迫害者），把不喜歡的面具整合了。

面具沒有好壞。每個面具都有存在的理由，都有適用的情境。只要用得恰當，都是好的。所以，不應該排斥任何一個面具。**應該接納所有的面具，不管是自己喜歡的，還是不喜歡的；不管是權威，還是迫害者。**

另外，**主體面具也可以轉化為客體面具。主體面具轉化為客體面具之後，就會投射到別人身上，以為別人和自己有一樣的內心感受和心態，像要求自己那樣要求別人，像對待自己那樣對待別人，以己之心，度他人之腹。**

投射就是預期或期待。許多家長把自己未完成的使命轉嫁給孩子，要求孩子為自己爭光就屬於這種情況。有些孩子真的按父母的要求做了，最後變成父母所期待的樣子，遂了父母的心願，這叫投射性認同，也就是「期待效應」。這說明，期待也是人格面具形成的一種方式。

絕大多數父母對孩子都是有所期待的，只是有的有意識，有的無意識罷了。有些父母，孩子還沒出生以前，就想像孩子是什麼樣子，將來會怎麼樣，事先為孩子繪製了藍圖。透過期待效應，孩子接受了父母投射過來的客體面具（對孩子來說是主體面具）。

除了把主體面具投射給孩子以外，父母有時候也會把某個客體面具投射給孩子。例如，母親有個和她關係比較密切的小弟弟，後來自己有了兒子，就以對待弟弟的方式對待兒子。如果兒子適應了母親的方式，就會越來越像小舅舅。這意味著，一個不在場的人也會對面具的形成產生影響。

人格面具是人格的組成部分。人格是整體，人格面具是局部。當人格的一部分被劃分出來形成一個人格面具時，剩下的部分就是另外一個「潛在的面具」。所以說，有一個面具，就會有一個與之相反的面具。有一個幸運兒面具，必有一個苦命人面具；有一個愛心大使面具，必有一個惡魔面具。

每一個面具，都會存在一個與之相反的面具。

錯綜複雜的人格面具關係

每個人都有許多人格面具。人格面具之間的關係錯綜複雜，主要有以下幾種：

1 相似

從理論上講，任何兩個人格面具都有共同之處，都有一定程度的相似性。所以，相似和不相似是相對的。同事面具和同學面具就很相似，朋友面具和敵人面具就不那麼相似了。

相似的人格面具可以混和成為一個一般化的人格面具。例如：兩個哥哥面具（人物面具）合成一個哥哥面具（角色面具），許多媽媽面具（人物面具）合成一個媽媽面具（角色面具）。

相似的人格面具可以互相代替，例如：孩子面具和學生面具、家長面具和老

每一個面具，都會存在一個與之相反的面具。

師面具、朋友面具和同事面具。從某種意義上講，這樣的代替就是面具錯用。如果兩個人格面具非常相似，錯用也無妨。如果差別很大，就會導致不良的後果。例如，一名主管下班回到家裡，還當自己是主管，對家人頤指氣使，發號施令，家人很受不了。遇到這種情況，就要注意人格面具的分化了。分化就是同中求異，識別相似人格面具之間的微妙差別。

2 相反

細究起來，相反可分為三種情況：正好相反，兩個人格面具沒有任何共同之處，它們剛好把整個人格一分為二；部分相反，說明兩個面具有相同或重疊的部分，這種情況其實就是相似，換句話說，從共同的部分看，就是相似，從不同的部分看，就是相反；兩極分化，說明兩個人格面具都只攝取了人格的小部分，沒有把整個人格瓜分完。剩下的部分就是第三、第四個面具。

嚴格地講，正好相反是極為罕見的，因為面具的「製造」不可能那麼精細、嚴密，比較常見的是部分相反和兩極分化，或兩者的混和。

3 互補

互補一詞有兩種涵義。一是兩個人格面具可以共同作戰、互相組合，從而形成一個更具體、更個別的人格面具，例如幾個原型面具合成一個角色面具，或者幾個角色面具合成一個人物面具。互補的人格面具通常都是友好的，因為友好，所以可以合作。互補的另一個涵義是對應，或者對偶。就是一個主體面具和一個客體面具，它們同時形成，互相配對，可以順利互動。例如：老師面具和學生面具、醫生面具和病人面具。對應面具可以是友好的，也可以是不友好的。老師面具和學生面具是友好的，警員面具和罪犯面具就是不友好的。

4 友好

心理健康的標誌之一是人格統一，也就是人格面具之間關係友好，較少疏離和對立。但是，疏離和對立是不可避免的。所以，友好也是相對的，只要能夠和平共處就可以了。

一般說來，相似的人格面具關係會友好一些。因為有共同之處，不容易發生衝突，而共同之處越多，關係越密切。但是，再相似的面具也有不同之處，而這些不同之處就是衝突的根源。

一般來說，人格統一的人做決定都比較容易，因為各個人格面具的意見比較接近。即使意見不一致，也能達成共識。所以，一旦做出決定，就會堅定地執行下去。

5 疏離

疏離是指兩個人格面具失去聯繫，各自為政。

正常情況下，不同的人格面具之間既有聯繫又有區別，這叫「分化」。如果區別太大、聯繫太少，就叫「疏離」「分離」或者「分裂」。疏離的人格面具常常輪流出場。**當A面具出場時，B面具就會躲到幕後。反之，當B面具出場時，A面具就會躲到幕後。這樣的人前後不一、變幻無常，人格不穩定，常常草率地做出決定，過一會兒又反悔。**

有時候，疏離是客觀原因引起的。例如，有兩個人從來沒有碰過面，我把這兩個人內化而形成客體面具，這兩個客體面具就是疏離的，與之相應的兩個主體面具也是疏離的。再如，在某個人生階段形成一個人格面具，到了下一個人生階段又形成另一個人格面具。這兩個人格面具在時間上沒有重疊，沒有機會同時出場，所以是疏離的。

除此之外，疏離還有一個原因，就是創傷。當一個人遭遇創傷時，創傷體驗和當時的行為表現就會形成一個人格面具。創傷過去以後，這個人格面具就沒有機會使用了。它被「隔離」了，與整個人格沒有多少聯繫。如果再次遭遇創傷，這個人格面具會被重新啟動。如果這個人格面具比較強大，即使沒有外界刺激，也可能會自我啟動，出現各種「分離症狀」，例如：失神、閃回、神遊、雙重人格。

6 對抗

疏離的人格面具如果同時出場，必然會互相對抗，導致自我衝突和內心矛盾。人格面具認為，所有的心理衝突都是面具衝突。

從理論上講，兩個人格面具，相同的部分越少，不同的部分越多，越容易出現對抗。但是，如果兩個人格面具沒有任何相同之處，例如：完全相反和兩極分化，反而不會發生對抗，因為它們沒有機會同時出場。由此推斷，對抗的人格面具必有共同之處。這是處理面具對抗的一條思路，即有共同之處，就有可能達成共識，化敵為友。

人格面具是人際關係的產物

人格面具有兩個作用，一是自己用，二是用在別人身上。自己用，就是換上

某個人格面具，把整套行為模式激發出來，像「某人」那樣行事。用在別人身上，就是投射，以便識別別人，預測別人的行為。

一般說來，主體面具是自己用的，客體面具是用在別人身上的。但是，由於主體面具和客體面具可以互相轉換，所以主體面具也可以用在別人身上，客體面具也可以自己用。主體面具用在別人身上也稱投射，客體面具自己用就是認同。

人格面具的使用通常都是無意識的。也就是說，人們總是不假思索、不由自主地換上某個人格面具，自己都說不清楚為什麼會這樣。但是，透過觀察研究，還是能夠發現其中的規律。

1 主體面具的使用

首先，人格面具都是在特定的情境中形成的。在這種情境中，自己的言談舉止內化，而形成主體面具。以後遇到相同的情境，這個人格面具就會被激發出來。這說明，**情境具有激發人格面具的作用**。換句話說，情境就是人格面具的激發因素。人是根據情境調用人格面具的，只是自己意識不到而已。

情境由許多細節構成。有些細節對人格面具的激發作用比較大，有些比較小。當所有的細節都具備時，人格面具肯定會被激發出來。如果只有部分細節存在，則人格面具可能會被激發出來，也可能不會被激發出來，這取決於細節本身的作用大小。不同的情境可能具有相同或相似的細節，這是面具錯用的主要原因。

其次，人格面具其實是人際關係的產物，是在人際互動中形成的。面對不同的人，就會有不同的表現。遇到老師，就會使用學生面具；遇到可憐的人，就會使用拯救者面具；遇到壞人，就會使用受害者面具，或者英雄面具。換句話說，我們是根據別人的表現選擇人格面具的。

最後，期待效應也是面具使用的一個條件。當別人對我有所期待的時候，就是把一個人格面具用到我的身上。如果我「錯用」了人格面具，我的行為就會不符合他的期待，導致交往不順利。如果我使用他投射過來的人格面具，我的行為就符合他的期待了，交往就會比較順利。交往順利是對「正確」使用人格面具的獎勵和強化。

2 客體面具的使用

客體面具的使用主要是被對方的某種特徵所啟動，社會心理學中稱之為「第一印象」「圖式識別」或「光環效應」。也就是憑很少的線索，例如：長相、氣質、裝扮，快速判斷對方是一個什麼樣的人。這樣的判斷可能是正確的，也可能是錯誤的。如果是錯誤的，就是面具錯用，會導致交往不順。一旦發生交往不順，我們就會重新選擇客體面具，直到選對為止。

此外，**人格面具的使用還有一種情況，就是自我激發**。當一個人格面具非常強大時，即使沒有外界刺激，也會自己冒出來，從而導致面具錯用。強大的人格面具通常就是主導面具，它的使用頻率很高，用起來得心應手。結果就被濫用了。它也可能是一個被壓抑的人格面具，通常與創傷有關，由於聚集了巨大的能量，不分場合地冒了出來，出現「分離症狀」。客體面具的自我啟動，除了引起「錯認」以外，更嚴重的後果是產生幻覺，彷彿把客體面具投射到空氣中，看到了一個並不存在的人，或者影子。

瞭解了面具如何使用之後，就可以有意識地調用人格面具了。例如，參加一個聚會，事先知道自己將扮演什麼角色，就可以有意識地使用與角色相應的人格面具，甚至可以帶上幾件「道具」。有時候，我們還會有意識地「錯用」人格面具，以達到「印象控制」的目的。例如，有的人為了給別人留下某種印象，故意喬裝打扮、濃妝豔抹。還有一位社交恐懼症患者，諮詢師建議他使用「便衣警員面具」。結果，他的症狀明顯減輕。

有意識地使用人格面具，是面具治療的一種技術。它具有釋放人格面具的能量，避免自我啟動，消除「分離症狀」和幻覺的作用，同時還可以幫助來訪者建立一個新的人格面具，因為人格面具的創立和演練就是有意識的面具使用。

心理障礙就是面具障礙

任何一種心理活動都是在特定的情境中透過人格面具表現出來的。因此，心理活動就是面具顯現，心理障礙也是如此，所有的心理障礙都是面具障礙。面具障礙主要有三類：面具外障礙、面具間障礙、面具內障礙。

1 面具外障礙

面具外障礙是指，面具本身是正常的，但在使用的過程中發生了錯誤。例如，某人在一次官方會議上遇到一位老同學，他喜出望外，立即衝上前去跟老同學打招呼。結果發現對方非常冷漠。後來才知道，老同學今天是以副市長的身分參加會議的。

面具錯用的原因主要有：面具過強，容易被濫用，大部分主導面具就是如此。情境含糊，線索不清。不知道應該用什麼面具，只好用主導面具胡亂對付一下；還是情境含糊，導致識別錯誤，用了自以為正確、其實是錯誤的面具；

雙重線索，例如：去朋友的店裡買東西，不知道該用朋友面具還是顧客面具，任選一個，結果出錯。

還有一種比較特殊的情況，某個面具積聚了大量的能量，結果「一碰就爆」。這種情況可以用來解釋心理障礙的發作。**能量積聚是因為面具不被認可，一直處於壓抑狀態。這樣的面具通常與創傷有關，是心理創傷遺留下來的陰影或疤痕。如果能量太大，可以自我爆發；如果能量稍低一點，可以一觸即發。**這個觸動點也叫「扳機點」，是人格面具的導火線。它可能在面具形成的時候就預埋下來了，是創傷情境的一個部分。以後再遇到這樣的情境或線索，面具就會被激發。如果能量不大，這樣的扳機點是不足以啟動一個面具的。

2 面具間障礙

面具間障礙是指，面具之間界線過清或者不清，從而導致心理障礙。面具間障礙主要有兩種：一種是分裂，也稱分離，就是兩個面具失去了聯繫，各自為政；另一種是融合，面具之間失去界線，合二為一。

分裂會導致對抗，「有你沒我，有我沒你」，這種情況常見於強迫症和邊緣性人格障礙。對抗導致壓抑，其中的一個被排擠到無意識裡。壓抑的結果是：面具單一，變成弗洛姆所說的「單面人」；被壓抑的面具偶爾冒出來，導致心理障礙發作；被壓抑的面具暗中搗亂，干擾正常的心理活動；壓抑的面具被投射到別人身上。

融合也會導致面具單一，不管在什麼場合，表現都一個樣。許多人不瞭解什麼是人格面具，認為人在不同的場合使用不同的面具是自我不統一、表裡不一致、虛偽、不真誠的表現。事實上，過分表裡一致根本無法適應多元化的現代生活。

融合又分幾種情況，一是兩個面具完全融合，二是一個面具「吞沒」了另一個面具。完全融合之後，新的「複合」面具適用於兩種情境，或者兩種情境都不是很適用。一個面具「吞沒」了另一個面具，前者就可以取代後者，導致面具錯用和濫用。

3 面具內障礙

面具內障礙是指，一個面具多了或者少了某種成分，前者叫「面具異常」，後者叫「面具缺陷」。衝動控制障礙、進食障礙、性變態、強迫症、恐懼症、焦慮症都屬於面具異常；精神發育障礙、學習障礙屬於面具缺陷。

面具異常也可以理解為兩個面具同時出場，這種情況非常普遍。很多情況下，面具都是成對，甚至成組出來的，它們「各有所長」，互相配合，共同應對複雜的情境。例如，老師上課的時候，「主導面具」是教師面具，如果學生吵架，他就會立即換上「管理者面具」或「調解者面具」；如果有一個學生哭了，他可能會換上媽媽面具前去安慰；後來發現這個學生是假哭，他被逗樂了，換上孩子面具，跟學生一起說笑。

由此可見，面具異常是相對的。如果標準很嚴，絕大多數人格面具都不正常。如果標準比較寬，細微的偏差可以被當作「個性」來看待，除非偏差太大，導致精神痛苦或人際衝突。面具缺陷也是如此。

治療面具障礙的方法只有兩種：分化和整合。分化主要針對融合，整合主要針對分裂。

分化不同於分裂，整合不同於融合。分裂是完全割斷，失去聯繫；而分化是既有聯繫又有區別，對立統一，彷彿用虛線隔開，但沒有完全斷裂，也就是似斷非斷，似連非連，介於分裂和融合之間。

融合是合二為一，失去差別；而整合是在保持個性和獨立性的前提下的結合和統一，也是似斷非斷、似連非連，介於分裂和融合之間。從某種意義上講，分化就是整合。如果非要把它們區分開來，那就是分化略靠近分裂，整合略靠近融合，分裂、分化、整合、融合形成連續譜。

PART 2

你方唱罷，我登場

分裂的人格面具

面具和面具之間既有聯繫，又有區別。如果失去了聯繫，就叫分離或者分裂。分裂的面具通常輪流上場，即一個面具在場時，另一個面具暫時受到壓抑。過一段時間或者換了一個情境後，另一個面具上場，而原先的面具退到幕後。有時候分裂的面具會同時上場，各行其是或互相對抗，給人一種「分裂」的感覺。分裂的面具也可能不止兩個，而有好幾個，令人眼花繚亂。面具分裂見於多重人格、思覺失調症、邊緣性人格障礙、雙極性情感疾患等。

多重人格和多重性格是兩個概念。**多重人格是分裂的產物，多重性格是分化的結果。**每個人都有許多人格面具，為了適應環境，在不同的場合使用不同的面具，從而表現出多重性格。但是，這些不同的面具之間是有聯繫的，它們和睦相處，形成一個整體，就是一個人的「人格」。多重人格就不同了，各個面具之間失去聯繫，各自為政，無法形成整體。

面具分裂的主要原因有：獨立形成，在時間、空間等方面與其他面具沒有聯繫；差別太大，沒有「共同語言」；也是差別太大，不但沒有「共同語言」，

而且「話不投機」，互相對抗，只好輪流上場，形影參商；精神分析認為分裂是創傷的結果，創傷會留下一個遇難者面具，這個面具太痛苦而被分裂出去，或者封閉起來。

自己與自己對決——人格分裂

人格分裂也稱分離性身分障礙（Dissociative Identity Disorder，DID），俗稱雙重人格或多重人格。病人有兩個或多個「人格」，在不同的場合有截然不同的表現。當不同的「人格」出來時，表情、動作、話語都有明顯的不同，而且每個「人格」都有自己的名字、年齡和性別特徵。它們幾乎就是完整的人，但共用一個身體。

法國心理學家皮埃爾・讓內（Pierre Janet）認為，相反的觀念處於對抗狀態，一個興奮，另一個就會受到抑制。當一個觀念處於興奮狀態時，與之相似或有聯繫的觀念也會興奮起來；當一個觀念受到抑制時，與之相似或有聯繫的

當不同的「人格」出來時，表情、動作、話語都有明顯不同。

觀念也會受到抑制。相似和有聯繫的觀念會構成「觀念單元」。例如，當你在做數學題目時，有關的數學知識會被啟動，而語文和物理知識會受到不同程度的抑制。如果某個觀念是孤立的，與其他觀念沒有任何聯繫，那麼當它興奮時，其他觀念全部受到抑制；而當其他觀念興奮時，它就徹底受到抑制。

為什麼會出現孤立的觀念呢？原因之一是，有些觀念與別的觀念本來就是格格不入的。原因之二是，它是不好的觀念，不被自己所接受。例如，一個人遭遇了嚴重的創傷，不堪回首，就把它「隔離」起來，不與其他經歷發生聯繫，以免由於「聯想」作用而回憶起來，使自己陷入痛苦之中。因為與其他經歷沒有聯繫，所以很難被啟動。但是它會被創傷情境所激發，這時候，與之沒有聯繫的東西都會被抑制。如果時間很短，就叫「閃回」或「遊離」；如果時間比較長，就叫「出神」或「神遊」。閃回、游離、出神、神遊，統稱「分離」或「解離」。**如果創傷體驗一直處於壓抑狀態，能量得不到釋放，就會聚集起來。當它達到一定程度時，即使沒有外界刺激，也會自我啟動，自發或自動地**

出現分離症狀。

致命ID

美國電影《致命ＩＤ》（*identity*）的主人公就是多重人格，他殺了人，專家們在如何處置他的問題上存在意見分歧。一部分人認為應該判他死刑，一部分人則認為殺人者只是他的一個人格面具，如果判他死刑，對那些無辜的人格面具是不公平的，因為他們共用一個身體。與此同時，心理專家試圖整合他的人格。於是，在一個風雨交加的夜晚，他的十一個人格面具相聚在坐落於荒郊野外的汽車旅館，他們是：一對夫婦和一個小孩，女演員和她的保鏢，一對戀人，一名警員（其實不是警員，而是罪犯，他殺了警員，然後假冒警員）押著一名犯人、一名妓女、一個旅館老闆（也是假冒的）。緊接著，夫婦、戀人、犯人、女演員相繼被殺，活著的人陷入極度恐慌。後來，在心理專家的幫助下，保鏢揪出了罪犯（假警員），與他同歸於盡。妓女活下來了，並且改過自新，搬到另外一個城市。但是，她最終還是被人殺了，凶手是小孩。最後，小孩控制了身體，殺了心理專家和獄警，並越獄逃跑。

他的人格面具有男有女，有老有小，有自私的、邪惡的、懦弱的，也有勇敢的、冷靜的、善良的，其中最邪惡、最陰險的是小孩，他是殺死前六個人的兇手。這六個人確有其人，四年前被他殺死在汽車旅館裡。他就是因為這起命案而被監禁並受到審判的。心理專家根據他的日記，猜測他是多重人格，並且誤認為假警員（罪犯）是真正的兇手，所以請保鏢幫忙。

小孩為什麼殺了自己的父母？因為他的母親是妓女，小時候經常虐待他。至於為什麼殺父親，電影沒有交代，也許是因為父親縱容母親虐待他。

他殺了六個人，他們印入他的腦海，變成了六個人格面具。精神分析認為，一個人做了壞事，會受到良心的譴責。什麼是人格面具認為，殺了人之後，死者會被殺人者內化或「認同」，形成人格面具，在身體內部實施復仇計畫。換句話說，不是良心在懲罰自己，而是死者「陰魂不散」，前來索命。

父母面具肯定早就存在，殺了父母，他們再次被內化。小孩是小時候的自己，另外四個面具不知道是怎麼形成的，我們不妨推測一下。

妓女可能是母親的另一面。任何人都不願意承認自己的母親是妓女，如果母親真是妓女，就會被一分為二：一個母親（好客體），一個妓女（壞客體）。他殺了母親，是因為母親曾經虐待他。他對妓女也沒有什麼好感，所以最後也殺了妓女。

他可能當過警員，所以會有警員面具和罪犯面具，具備殺人技能，精通反偵破技術。但是，他後來不當警員了，當了保鏢。這個面具代表他內心正義的部分，與罪犯和假警員形成對比，這是面具分裂的表現。兩者最後同歸於盡，寓意深刻。

旅館老闆不是真老闆。看樣子也不是什麼好人。很可能是一個通緝犯，殺了老闆，然後冒充老闆。在「整合」的過程中，他是被假警員（罪犯）殺掉的。

心理專家誤以為六起命案的兇手是假警員，說明他被小孩利用了。也許，假警員是小孩的替身。一個小孩如果想做一番大事，只能幻想自己是個大人，因而虛構出這個人格面具。

如果心理專家不是企圖揪出真正的兇手，而是幫助病人恢復人格的統一，後半場的殺戮也許可以避免，心理專家和獄警也不會遇害。**透過殺死人格面具來消除面具的分裂，只會加重分裂。**被殺的面具會死而復生回來報仇的。他的父母面具就是如此，四年前已經被殺，現在又出現在他的生活中，他不得不再殺他們一次。**真正的整合應該是讓各個人格面具停止對抗，和睦相處。**

掙脫不開的幻覺——思覺失調

讓內把人格分裂分為兩種，一種是分子分裂，一種是原子分裂。分子分裂就是「分離性身分障礙」，分裂出來的「人格」本身還是相對完整的。所以，當一個「人格」出場時，「自我」還是比較統一的，如果你不認識他，會覺得他很正常。原子分裂就不同了，分裂出來的是人格的「碎片」，支離破碎，給人的感覺是亂七八糟、瘋瘋癲癲。思覺失調症就是如此。

思覺失調症有許多表現，最常見的是幻覺和妄想，其次是情感淡漠、思維貧乏、意志消退。但是，這些都是表面現象，其本質是「自我」的各個部分處於分裂狀態，像一盤散沙，沒有形成一個整體。

心理學家R・D・萊恩（Ronaldn David Laing）認為，思覺失調症病人的「子人格」本身並沒有破裂，而是輪替太快，甚至同時出場，才給人造成破裂的感覺。他在《分裂的自我》（*The Divided Self: An Existential Study in Sanity and Madness*）一書中舉了好幾個這樣的例子，其中一個名叫茱莉亞，女，十七歲，主要症狀是指控她媽媽試圖幹掉她。

> 她說她母親正在掐她，她母親不會讓她活著，她母親從來就不想要她。
>
> 茱莉亞基本的精神錯亂性言語是：「有個孩子被謀害了。」

她說是她弟弟（現實生活中她沒有弟弟）的聲音告訴她這件事的，不過她也不敢斷定這聲音是不是她自己的。那孩子被害時穿著她的衣服，有可能就是她自己。她無法確知她是被自己還是被她母親謀殺的，她準備報警。

萊恩認為，茱莉亞的「自我」分裂成好幾個人格面具，她的「自我」就是這些人格面具的「集合」。在這個集合中有一個專橫的「惡棍」面具，總是命令茱莉亞做這做那。

這個惡棍老是向萊恩抱怨：「這孩子真討厭，這孩子是廢物，這孩子是個賤貨，跟這孩子你別想做什麼……」茱莉亞內部這個惡棍形象明顯是一個「老大」。「她」不大考慮茱莉亞，「她」不認為茱莉亞會變好，也不認為應該幫助茱莉亞變好。萊恩稱這個人格面具為「內部的壞母親」，她基本上是茱莉亞內部的一位女性迫害者。在她身上集中了茱莉亞歸咎於她母親的一切糟糕的東西。

第二個人格面具在萊恩面前充當茱莉亞的捍衛者，反對「老大」的迫害。對於茱莉亞來說，「她」通常把茱莉亞看作她的妹妹。萊恩把這個人格面具看作「她的好姐姐」。

第三個人格面具是一位完善的、順從的、善解人意的小女孩。她會說：「我是個好女孩。我按時去上廁所。」

茱莉亞的「自我」是怎麼分裂的？原來，從幼時到十七歲，茱莉亞一直保留著一個玩具娃娃，她在自己屋裡為它穿衣打扮，一起做遊戲，但家人並不知道其中的詳細情況。這是茱莉亞生活中的祕密。茱莉亞把這個玩具娃娃叫作「茱莉亞娃娃」。她母親認為茱莉亞應該放棄這個娃娃了，因為她已經是個大女孩了。有一天，娃娃不見了，沒有人知道是茱莉亞還是她媽媽把它扔掉的。茱莉亞指責她母親，母親否認並反而認為是茱莉亞自己弄丟的。此後不久，茱莉亞就聽見有聲音告訴她：一個穿她衣服的小孩被她媽媽打成了肉醬。對此，她還打算去報警。

玩具娃娃到底是茱莉亞自己扔掉的還是她母親扔掉的，其實並不重要。這是因為對於這一階段的茱莉亞來說，她「內部的媽媽」已經成為比外部的真實的母親更為典型的破壞者。當茱莉亞說她「媽媽」扔掉了玩具娃娃，很有可能是說「內部的媽媽」扔掉了玩具娃娃。不管怎樣，這一行動是災難性的，因為茱莉亞顯然十分認同於玩具娃娃。在她與玩具娃娃的遊戲中，玩具娃娃是她自己，而她是玩具娃娃的媽媽。有可能茱莉亞在遊戲中越來越變成了壞媽媽，這個壞媽媽最終殺死了玩具娃娃。進一步的觀察發現，在茱莉亞的精神病狀態中，「糟糕的」、「壞」媽媽的言行在她身上有著充分的體現。如果娃娃是被她實際上的母親消滅的，並且母親承認這一點，那麼事情可能不那麼具有災難性。在這一階段，茱莉亞本來已破碎不堪的健康狀況，依賴於是否可能把一些壞的、糟糕的東西「轉移」到她實際的母親身上。由於不可能以正常的方式做到這一點，這就促使了思覺失調症的發生。

「轉移」就是投射。當一個人無力整合互相矛盾的人格面具時，把部分面具投射出去不失為一種暫時緩和矛盾的方法。

穩定的不穩定——邊緣性人格障礙

邊緣性人格障礙的特點也是分裂。病人的眾多人格面具處於分裂狀態，一會兒出來一個，給人一種不連貫、不穩定、變幻莫測的感覺。奧托・科恩伯格（Otto F. kemberg）列舉了邊緣人格的十四對人格面具，概括起來就是好孩子、壞孩子、好父母、壞父母。病人一下子表現為好孩子，向治療師投射好父母，把治療師理想化；一下子表現為壞孩子，向治療師投射壞父母，把治療師妖魔化；一下子又表現為壞父母，向治療師投射壞孩子。治療師被弄得團團轉，眾說紛紜，病人身邊的人也是如此。所以，他的人際關係極不穩定，自己的情緒也很不穩定。**當好孩子和好父母出來的時候，病人變成了天使；當壞孩子和壞父母出來的時候，病人變成了魔鬼。他集天使和魔鬼於一身，敢愛敢恨，愛憎分明。**

邊緣人格的好孩子主要是討好者，壞孩子主要是叛逆者，兩者都是苦命人的延伸。苦命人為了保全自己不被毀滅，就用討好和反抗（還有逃跑）來擺脫自己的命運。同時，為了維護自己的「形象」，苦命人會製造一些事情，例如：自殺、吸毒、濫交，把自己弄得很慘。

每個人都有苦命人面具，邊緣人格的苦命人面具特別強。這是因為他們小時候遭遇過嚴重的心理創傷，最常見的是身體虐待（家庭暴力）和性虐待。

邊緣人格畢竟不是思覺失調症，面具轉換沒那麼快，不至於前言不搭後語。也不同於人格分裂，面具之間沒有完全失去聯系。當一個面具出場時，其他面具沒有完全隱退，而是在一邊旁觀。所以，病人會感受到內心衝突。例如，病人剛才還是好好的，和朋友一起談天說地。有人說了一句不中聽的話，他就暴跳如雷，失去「理智」，事後後悔不已；或者突然心血來潮，做出一個重大決定，後來發現這個決定是錯誤的。

歡喜冤家

三年前她的姐夫出軌，從那以後她老是懷疑自己的丈夫出軌，抓住一點蛛絲馬跡就「大吵大鬧」。丈夫有口難辯，又不能動粗，只好自虐：撞牆、砸玻璃、用菸頭燙自己，把自己弄得遍體鱗傷。事後證明他是被冤枉的，她會很真誠地認錯、道歉、自我檢討、做保證，但沒過多久，又會故伎重演。

她和丈夫是十年前結婚的，當時家人反對，但因為她未婚先孕，只好無奈地同意。丈夫人品很好，很快就得到了認可。婚後夫妻吵架，她的家人基本上都站在她丈夫一邊。這一次也是全家人都認為她的狀況不好，才強制她來看病。

但是，她堅信丈夫一定有外遇，只是沒有證據。沒有證據怎麼能夠斷定他有外遇？她說是憑妻子的直覺。我問她，如果找到了證據，打算怎麼辦？她說離婚，因為她不能容忍丈夫的不忠。既然堅信他有外遇，還找什麼證據？不如現在就離了。她說沒有證據，他不同意離。我說，單方面提出離婚也是可以的，不妨向律師諮詢一下。她說，不知道去哪裡找律師。我對她丈夫說：「你就同意了吧！」他說不行，同意離等於承認自己有外遇。他不想背這個黑鍋。

看來，他確實「人品很好」，日子過得這麼怯懦，仍然一如既往、兢兢業業、毫無二心，而且堅持原則、注重口碑，不讓別人說閒話，儘管這樣做，給自己、給對方都造成了傷害，大家都很痛苦。也許，正是他的忠誠、寬容或縱容，以及怯懦、自虐和食古不化，刺激了她的神經。把她變成潑婦、怨婦和妒婦。

據他說，她本來就任性、好勝。夫妻偶爾吵架，她總要爭個輸贏，輸了就離家出走。他只好挨家挨戶去親戚朋友家找她，好言好語勸她回家。我問她：「如果他不去找你，你會自己回來嗎？」她說不會。看來她早有離異之心，只是一直把婚姻當兒戲。

她補充說：「我知道他一定會找的。如果不來找，那就太不負責任了。跟他在一起就沒意思了。」

她認為，丈夫必須對妻子百依百順、百般呵護。她把自己整個人嫁給了他，他當然要為她負責。丈夫是最親的人，有脾氣不對他發，對誰發？有苦惱不跟他說跟誰說？

姐夫出軌激發了她的苦命人面具，她從擔心老公出軌，漸漸發展到懷疑老公出軌，甚至堅信老公已經出軌。她所做的一切，表面上是為了維護婚姻，實際上是破壞婚姻。**把婚姻破壞了，她就是真正的苦命人了，這是苦命人面具的伎倆。**

她有一個壞孩子面具，任性、好勝、「大吵大鬧」、離家出走；還有一個好孩子面具，鬧過之後會認錯、道歉、自我檢討、做保證。她也有壞父母面具和好父母面具，前者管著老公，嚴厲、苛刻地對待老公，而這樣做是出於對老公的關心和負責，是為老公好。當她使用壞孩子面具的時候，就把壞父母面具投射給老公，她「大吵大鬧」、離家出走，老公窩窩囊囊、食古不化；當她使用壞父母面具的時候，就把壞孩子面具投射給老公，老公做了壞事，她調教他；

當她使用好孩子面具的時候，就把好父母面具投射給老公，迫使老公表現得很大度；當她使用好父母面具時，就把好孩子面具投射給老公，她相信老公一定會到處找她。

有時候好幾個面具一起出場，難分彼此。例如，當她懷疑老公出軌而「大吵大鬧」的時候，共同使用了好父母面具（為你好）、壞父母面具（你壞）和壞孩子面具（我生氣），而向老公投射好孩子面具（打不還手）、壞孩子面具（出軌）和壞父母面具（打自己）；當她離家出走的時候，共同使用了壞孩子面具（離家出走）和好父母面具（相信老公），而向老公投射壞父母面具（食古不化）和好孩子面具（一定會找她）。

更絕的是，她老公非常配合她，說明他們有相似的面具「備用」。不過，相對而言，他的面具不那麼亂，始終以好孩子為主（打不還手，把她找回來）。

躁狂與憂鬱交替上演——雙極性情感疾患

雙極性情感疾患舊稱躁狂憂鬱症，病人時而躁狂，時而憂鬱，躁狂和憂鬱交替，原因是他有一個很強的「幸運兒面具」和一個同樣強大的「苦命人面具」。幸運兒出來的時候自我感覺良好，心情愉快，情緒高漲，像過節一樣；苦命人出來的時候自我感覺很差，悶悶不樂，情緒低落，整個世界都是灰濛濛的。

每個人都有幸運兒面具和苦命人面具。遇到好事開心，遇到壞事難過，有喜有悲，自然流暢。正常情況下，兩個面具反差不會太大，而且與情境匹配，不會越界。雙極性情感疾患患者的幸運兒面具和苦命人面具反差很大，而且與情境失去了聯繫，常常無緣無故就躁狂了，或者憂鬱了。

如果深入瞭解一下，就會發現，躁狂或憂鬱的發作並不是無緣無故的。病人在躁狂的時候體力透支，最後支撐不住了，陷入憂鬱狀態。對病人來說，憂鬱反應是一種自我保護，否則會徹底垮掉。憂鬱期間，身體得到修整，漸漸恢復元氣，轉向正常或躁狂。

病人的幸運兒面具和苦命人面具為什麼那麼強？一種可能性是，他的父母太誇張。對他好的時候很誇張，使他形成強大的幸運兒面具；對他不好的時候也很誇張，使他形成強大的苦命人面具。而且最關鍵的是，不以孩子的表現好壞決定對他好或不好，而是隨心所欲，想好就好，想不好就不好，或者自己心情好就對孩子好，自己心情不好就對孩子不好。這會導致孩子的幸運兒面具和苦命人面具缺少「情境性」，完全沒有根基，「自由飄浮」，忽而躁狂，忽而憂鬱。這樣的父母很可能自己就是雙極性情感疾患，或者邊緣人格。也有可能，父母是正常人，獎罰是有根據的，只是沒有把根據告訴孩子，而使孩子的幸運兒面具和苦命人面具找不到情境。

典型的雙極性情感疾患是緩慢交替的，一年交替四次以上就算「快速交替」，有的人一個月交替一次（如週期性精神病和經前期症候群），有的人一

雙極性情感疾患的病人時而躁狂，時而憂鬱。

個星期交替一次（週末興奮、週三憂鬱），有的人一天交替一次（早重晚輕或晨輕暮重），有的人一個小時交替一次（說哭就哭、說笑就笑、喜怒無常）。

「我沒用」

她十六歲輟學，去姐姐的理髮店裡學藝。不久，姐姐結婚生孩子了，她一個人經營理髮店，一做就是四年。這四年裡，她早出晚歸，全年無休地工作，節假日都沒休息。越到節假日，生意越忙，常常中午飯晚飯都忘了吃。終於有一天，她累倒了，躺在床上起不來。媽媽來看她，她一個勁兒地哭，說自己沒用，不會工作了，對不起媽媽，對不起弟弟。她弟弟在讀大學，生活費基本上都是她提供的。

家人急急忙忙把她送到身心科醫院，她被醫生診斷為憂鬱症。在醫院治療三個月後，就康復出院了。後來她跟另外一個姐姐去外地開店。因為那裡有很多外國人，她就利用業餘時間學習英語，一邊學習一邊替人翻譯，不久就被一位伊拉克商人聘去當店長。那位伊拉克商人滿世界跑，大部分時間她是真正的老闆。生意做得不錯，老闆非常賞識她。後來發生了一件事情，導致她再次發病。

那位伊拉克商人租了一家私人旅館當會所，租金到期了，房東來找她。她請示了老闆，老闆說不租了。她沒有及時把老闆的東西搬走，老闆回來的時候發現房子已經租給別人了，自己放在房裡的東西不見了，非常生氣。這時候，她像做錯了事的孩子，一下子就垮掉了。她全身發抖，坐立不安，不停地搓手，嘴裡反覆叨念：「怎麼辦？怎麼辦？」家人見狀，反立即送她去住院。

這時候，她已經二十五歲了。一從醫院裡出來，家人就給她介紹對象。她當時腦子很亂，毫無主見，家人怎麼說，她就怎麼做。等她慢慢恢復過來，發現自己一點也不喜歡對方。可是，雙方父母已經定好了結婚的日子。她內心很糾結，一邊是自己的終身大事，不可草率，一邊又不想讓父母傷心。她常常獨自流淚，但在父母面前又裝出一副很開心的樣子。直到辦完婚事，她終於舊病復發，第三次住院。

出院不久，男方以她有身心病為由，解除了婚約，她如釋重負。後來，她去一家化妝品公司應聘，以第一名的成績被錄取。她在公司裡表現出眾，業績輝煌，很討人喜歡，人稱「開心果」公司經常會培訓公司員工，除了業務指導，還有溝通技巧、心理素質等內容。培訓過程中，大家會分享自己的感受。她向同事講了自己的病，大家不但沒有歧視她，反而很敬佩她，覺得她能戰勝疾病很不容易，一個憂鬱症病人能夠做到她這樣簡直是奇跡。她成了業界的一個榜樣，大家都向她看齊。老闆也拿她做活廣告來宣傳自己的產品、公司的理念（類似於「美麗人生，快樂人生」）和企業文化（包括員工的精神面貌）。

前不久，一年一度的員工考核拉開序幕，考核內容是寫一份策劃書。她寫了三次，都不滿意，最後崩潰了。

這一次她沒有住院，向公司請了假，吃了幾天藥，情緒就穩定下來了。她不想長期吃藥，所以來做心理諮詢。

第一次諮詢，她花了一個小時講她的病史，但沒講完，只講到第二次發病。她語速很快，敘述很生動，繪聲繪色，中間夾雜著個人體驗和領悟，相當深刻，根本看不出她是憂鬱症患者，反而有點躁狂。我告訴她，她的症狀基本上已經恢復，諮詢目標應該轉向防止復發。她問我怎樣才能防止復發。我說，首先要弄清楚發病的原因，只有找到發病原因，去除病因，才能防止復發。

第一次發病是因為勞累過度，身體透支。為什麼會勞累過度呢？她說工作忙，事情多。我說，你可以偷懶啊，為什麼不偷懶？她說，從小父母教育她做人要誠實、勤勞。我說，父母這樣教育你，你可以不聽啊，為什麼這麼聽話？她說，她一直都是好孩子，她需要別人的認可，她不想讓父母失望。

第二次發病是因為她沒把老闆交代的事情辦好。老闆很失望，她很自責。

第三次發病是因為她對那樁婚事不滿意，但是又不想讓父母傷心，只好一個人扛著，最後扛不住了。

第四次發病是因為策劃書寫不出來，覺得自己沒用。

不難看出，她有一個很強的討好者面具。她很在乎別人的評價，努力做一個好孩子。如果她做得好，別人對她評價很高，她就很開心，很自信，很有活力；如果她做得不夠好，別人對她失望了，她就會精神崩潰，陷入憂鬱狀態。為了做一個好孩子，得到別人的好評，她常常委屈自己，壓抑自己，「虐待」自己，不惜把自己弄垮。

討好者的背後有一個「廢物」面具。憂鬱發作是廢物面具的顯現。當她陷入憂鬱狀態時，她的負性自動思維是「我沒用」。她坐立不安，不停地叨唸「怎麼辦，怎麼辦」。她覺得自己是多餘的人，只會給家裡增加負擔，所以很想死掉。

她不喜歡這個面具，所以把它掩蓋起來。**討好者面具就是對「廢物」面具的矯枉過正。**但是，紙包不住火，「廢物」面具的能量得不到釋放，一天天地聚集起來，最後總是要爆發的。**「廢物」面具似乎還有「自我引爆」的功能。每次發病，並不是討好者面具把她弄垮，而是「廢物」面具把她弄垮。**為了杜絕復發，必須善待「廢物」面具，把它安置好。

每個人都有「廢物」面具，從小到大，你肯定辦砸過什麼事，肯定有人說過你「沒用」。但是，「廢物」面具不是你的全部，它之所以會控制你的整個人格，是因為它的能量得不到釋放。它的能量之所以得不到釋放，是因為你壓抑它，否認它，不讓它釋放。壓抑得厲害的時候，它好像已經不存在了，展現在人們面前的是好孩子或「開心果」。**我給她出了個家庭作業：尋找自己的「陰暗面」，瞭解它，面對它，接納它。**

每個人都是「雙面人」——輕微分裂

在心理諮詢和日常生活中，經常會遇到這樣的人。他們反覆無常、口是心非，不知道自己想要什麼，不知道自己在說什麼，自我「分裂」，不統一，但又沒有達到人格分裂或邊緣性人格障礙的診斷標準，這種情況就叫「輕微分裂」。用面具技術做心理諮詢，發現絕大多數人都有「輕微分裂」。

「雙面人」

我有一位熟人，六十多歲，性格非常溫和，整天面帶微笑，從來沒有見他生過氣。他非常樂意幫助人，不管什麼事情找他，他都會非常熱心。他做事也很認真、負責，事情做得非常完美。還沒退休的時候，他的工作比較清閒，他就在單位的一塊空地上，開了一個自行車修理點，免費為同事修自行車。他的身邊經常圍著一群小孩，他一邊修車，一邊給孩子們講故事。別人找他修車的時候，他也喜歡話家常，說話很有哲理。聽說他曾是大學生，後來不知道為什麼被抓去坐牢。對於這段經歷，他從來不提，而別人似乎也不在意，都認為他是一個好人。

一次偶然的機會，有人說起他，說他是「偽君子」，經常打老婆。他老婆來自農村，比他小十歲，沒讀過太多書，可能還有點粗枝大葉。聽說他對老婆非常苛刻，經濟大權牢牢地掌控著，每天只給老婆一點點錢去買菜。老婆每花一分錢都要向他報告。他自己什麼都不做，家事全由老婆做。他要求很高，老婆哪裡做得不夠好，他就會嘮叨個不停，甚至罵人，他罵人的話很難聽。他老婆也不示弱，經常跟他頂嘴，結果三天一小吵、五天一大吵，有時候還會動手。他有一個女兒，十七、八歲了，還經常被他打。小的時候，主要是讀書問題挨打。長大了，主要是生活習慣不好、交友不慎挨打。據說他打孩子很凶，拿著什麼就砸過去。

我無論如何都無法把他的兩面聯繫起來。後來在工作中見到越來越多類似的案例，我才明白他是「兩面派」。他有兩個分裂的面具：一個老好人，一個暴君。老好人在公開場合用，暴君在家裡用。

他不是雙重人格。**雙重人格的兩個「人格」往往互相不認識，不知道對方的存在**。他不是這樣，他老婆經常向他回饋。例如：跟他吵架的時候罵他「雙面人」、「偽君子」「在家一條龍，出外一條蟲」（在家裡稱王稱霸，在外面唯唯諾諾），他應該知道自己的另一面（老好人）。有好心人來奉勸他時，他會數落老婆的不是，講出一大堆理由，說明他是知道自己這一面的。

這兩個面具是怎麼形成的？我對他的情況瞭解不多，只能猜測老好人面具可能與坐牢有關。在監獄裡只能夾著尾巴做人，出來之後還得繼續夾著尾巴。不然的話，別人會拿他的前科說嘴的。

每個人都有雙面性，兩面都有機會表現，才能保持心理平衡。他在公開場合只用老好人面具，暴君面具沒機會用，所以很壓抑，只能在家裡用。在家裡當了暴君，過了癮，釋放了能量，在外面更容易當老好人。兩者相互促進，越來越分裂。

有些「雙面人」的案例並沒有坐過牢，又是怎麼一回事呢？人都愛面子，在別人面前總想表現得好一些，把好的一面展示給別人。於是，「好人」面具就與公開場合綁在了一起，好人面具變成了公開面具。與此相應，壞人面具變成了隱私面具，包括家庭面具。有人理直氣壯地說：「在外面整天唯唯諾諾，回家了就應該放鬆。」如果在家裡也不讓用暴君面具，他會憋死的。

PART 3

自己何必
為難自己

對抗的人格面具

分裂的面具如果同時出場，常常會發生衝突和對抗。佛洛依德把心理衝突分為三種：現實衝突、道德衝突、神經症性衝突。現實衝突是指人在現實生活中面臨選擇時的內心衝突，例如「魚與熊掌不可兼得」。道德衝突是指道德觀念與本能衝動之間的衝突，也就是理智與情感、理性與非理性、靈與肉的衝突。神經症性衝突是指對正常人來說根本不構成衝突的衝突，是神經症病人所特有的。例如：走路的時候先邁左腳還是先邁右腳；剝雞蛋應該先剝大頭還是先剝小頭。神經症的特點就是心理衝突，最典型的是強迫症。

庫爾特・勒溫（Kurt Lewin）也把心理衝突分為三種：趨避衝突、雙趨避衝突、雙趨衝突。事物都有兩面，如果好的一面和不好的一面都很突出，就會使人陷入趨避衝突，想要又不想要，既愛又恨。矛盾性依戀就是趨避衝突的一種。如果有兩樣東西，都不想要，但躲開一樣，必定會撞上另一樣，就會使人陷入雙趨避衝突。雙重束縛就是雙趨避衝突的一種。如果兩樣東西都想要，但一次只能要一樣，不能兼得，就會使人陷入雙趨衝突。完美主義就是雙趨衝突。

一個人格面具只有一種功能，不可能「自我矛盾」。如果一個人出現內心衝突或自我矛盾，一定是一個面具與另一個面具發生對抗。每個人都有許多人格面具，面具對抗在所難免，解決的方法有：輪流出場，互不相見，也就是分裂；把相對比較弱的面具壓抑掉，不讓它出場；整合，使對抗的面具化敵為友，和睦相處。

糾纏不清的兩股勢力——強迫症

強迫症的特點是強迫與反強迫的對抗。例如，病人腦子裡出現某種想法（強迫），同時又認為這種想法是不好的，竭力克制（反強迫）。兩者常常僵持不下，令病人痛苦不堪。有時候強迫占上風，病人就胡思亂想了；有時候反強迫占上風，病人控制住了自己。為了保持反強迫，病人會做一些儀式化的動作，例如：敲頭、數數、默念「咒語」。

什麼是人格面具認為：強迫是一個面具，反強迫是另一個面具。反強迫面具管著強迫面具，認為它是不對的，是沒有必要的，所以反對它、禁止它。而強迫面具不服管教，偏偏要打破禁令，「哪裡有壓迫，哪裡就有反抗。」這兩個面具類似於孩子和家長，孩子有自己的想法，有時候也會無理取鬧，而家長總是制止他：這樣不行，那樣不行。

佛洛依德把神經症分為兩類：現實神經症和精神神經症。前者包括焦慮症和憂鬱症，後者包括歇斯底里症、恐懼症和強迫症。現實神經症比較簡單，由現實原因例如：心理創傷、喪失等引起，表現為焦慮和憂鬱。精神神經症比較複雜，很難根據症狀推測原因。這是因為，由於心理防禦機制的參與，症狀已經發生轉換或「變形」。所謂轉換，就是症狀從A變成B，再變成C、D、E。

人格面具認為：一個面具只有一種表現或功能，症狀轉換其實就是面具的轉化。一個面具出來，另一個面具就會做出反應，然後是第三個、第四個面具，最後表現為症狀。這樣的連鎖反應稱為「面具鏈」

強迫症的特點是強迫與反強迫的對抗。

強迫症面具鏈的第一個環節通常是「衝動」。病人的某個面具有一個衝動，例如：死亡衝動、性和暴力的衝動，或者佛教所說的貪、嗔、癡。由於相應的行為是法律所禁止的，或道德所不允許的，因此這些衝動連同相應的面具平時處於壓抑狀態。當它被某種因素或情境刺激起來時，就會闖入意識，表現為「強迫性衝動」或「強迫意向」，俗稱雜念。對於這些雜念，完全可以不予理會，只要不付諸行動就可以了。但是，佛教認為想想也是作孽（意業），會產生後果（業報），必須予以制止。於是，第二個面具出來了。這個面具像法官或道德衛士，負責監督和評判各種衝動，如果是好的就放行，如果是不好的就制止。

一個雜念，如果不予理會，通常都會一閃而過，不留痕跡。而法官面具吹毛求疵，容易把雜念放大，並且「定格」，結果揮之不去，遂成心病。如果衝動過分強烈，的確是非常可怕的，因為它會變成行動，於是，一個膽小的面具就會感到害怕和恐懼，稱為「強迫性恐懼」。在這個面具的渲染之下，法官面具制止強迫性衝動的決心就更大了。制止的方法主要有兩種：一是壓抑，二是預防。

壓抑也有兩種：一是直接壓抑或否認；二是轉移注意力或忽視。透過壓抑或否認，強迫性衝動和相應的面具重新回到無意識狀態，衝動「消失」，歇斯底里症的面具鏈通常到此為止。重新回到無意識狀態的衝動可能會透過「發作」和「干擾」，表現為分離障礙和轉換障礙（軀體化）。如果採用轉移注意法，病人就會表現出強迫行為，例如：洗衣服或數數。

預防是指標對強迫性衝動採取相應的措施，防止衝動轉化為行動，避免可怕的結果發生。例如，針對死亡衝動的預防措施可以是避開危險的地方，把刀藏起來，檢查瓦斯，請人陪伴或向別人確認是否安全。恐懼症的面具鏈通常到此為止。這時強迫症病人會出現第三個面具，這個面具認為第二個面具所做的一切都是沒有必要的，是很荒唐的，是「強迫」，因而進行「反強迫」。於是，這兩個面具陷入對抗之中，這是強迫症的特點。

有的病人還會出現第四個面具。這個面具認為第三個面具的反強迫措施也是沒有必要的，因而予以對抗，進行「反反強迫」。最後，病人出現第N個面具，這個面具認為自己得了強迫症，需要治療。於是，病人陷入困境：如果不治療，強迫症就好不了；如果治療，還是強迫症，因為治療就是與症狀對抗，就是反強迫。久病不癒和多重強迫的強迫症病人都會陷入這樣的困境，他們不管做什麼都是強迫，什麼也不做還是強迫。有一個病人每天早上喝牛奶，哪一天來不及喝，心裡就會非常難受。他意識到這是強迫行為，就刻意不喝牛奶。其實刻意不喝也是強迫。

因此，在症狀層面上治療強迫症是非常困難的。必須繞開強迫和反強迫，直指第一個面具，弄清楚為什麼會出現這種衝動，這種衝動的後果是什麼。再回到第一個面具。當它出現死亡衝動時，其他面具不會理解，不相信別人會殺自己，而把這個面具投射到外界，認為是別人想殺他，因而產生強迫性恐懼。強迫症病人知道實際上沒有危險，不應該恐懼，所以才會反強迫。如果他以為自己真的很危險，確實有人想殺他，那就是偏執性精神病了。強迫症和精神病的區別就在於有沒有自知力，有沒有自我反強迫。

綜上所述，強迫症不僅僅是面具對抗，面具對抗只是強迫症「面具鏈」的最後一個環節。

強迫檢查

一位七十歲的老太太得了強迫症，病程已經有三年。她是因為驚恐發作來求治的，用了一些藥，驚恐發作很快就得到了控制。兩個月後，她才向我說起她的強迫症狀。

她原來是一名教師，退休後自己辦了一所學校，是一個非常能幹的人。三年前第二次退休後，漸漸出現強迫檢查的症狀。門關好了沒有，瓦斯關好了沒有，水關好了沒有，都要反覆檢查。她認為這是必要的，所以沒有太大的內心衝突。後來，她總是擔心丟了什麼東西，不停地摸口袋，檢查自己坐過的椅子和站過的地方。這種症狀在家裡很少發生，偏偏在外面發生，她擔心被人看到了很沒面子，於是竭力克制。可是，她越克制症狀越重。有幾個親戚朋友已經知道她有這個毛病，她可以不加掩飾地檢查，通常幾秒鐘就能解決問題。如果她想不檢查，她的腳就挪不動了，眼睛會不由自主地東張西望，那就不是幾秒鐘的事了。所以，不熟悉的人家裡她就不去了。她最怕坐車，公車靠站的時候，是不允許她反覆檢查的。

最近，又出現了新的症狀：不敢倒垃圾。倒垃圾之前必須對垃圾進行檢查，怕把什麼東西一起倒出去。嚴重的時候，倒出去以後仍不放心，還要去檢查垃圾筒。最後，她乾脆不倒垃圾了，讓家人去倒。她也不敢收拾房間，因為一收拾就要扔掉一些東西。她甚至不敢倒水，不管是洗臉水還是淘米水，怕什麼東西被倒掉。

我問：「怕把什麼東西倒掉？」

她說：「沒什麼東西。」

「是啊，是沒什麼東西，可是，你怕把什麼東西倒掉？」她還是說：「沒什麼東西」。

「可能會是什麼東西呢？」

她說不知道。

「是好東西嗎？」

「我又沒有好東西。普通老太太一個，有什麼值錢的東西！再說，我也不是那樣小氣的人，如果別人有需要，我也會慷慨解囊的。」

有一次，一個朋友來家裡玩，回去的時候下雨了，她借傘給朋友。結果，她把雨傘打開，裡裡外外檢查了好幾遍，生怕有什麼東西。

我開玩笑說：「你是怕戒指掉在傘裡了。」

她說她沒有戒指。

還有一次，鄰居孩子來家裡玩，她拿了一瓶飲料給他。她仔細檢查飲料，看裡面有什麼東西，還看標籤和說明書，怕過了保鮮期。

我突然明白了：她不是怕把好東西會弄丟，而是怕把不好的東西丟出去，危害別人。這種想法非常符合她的性格特徵，她是一名優秀教師，當過校長，習慣為人師表，道德上也是楷模。儘管生活比較清貧，別人需要幫助的時候，她還是會慷慨解囊。

「寧可人負我，不可我負人。」大公無私，捨己為人。

對於強迫症來說，強迫面具和反強迫面具的對抗其實只是表面現象。如果深挖下去，一定會發現第三個、第四個，甚至更多人格面具參與其中。這位老太太的強迫面具擔心丟了什麼東西，所以反覆檢查。而反強迫面具認為自己沒有什麼東西可丟，也不吝惜把東西送給別人，所以認為沒有必要反覆檢查，竭力控制自己不去檢查。**這兩個面具之所以會對抗，是因為反強迫面具不理解強迫面具**，以為強迫面具是怕丟了好東西。其實，強迫面具擔心的是丟了不好的東西，危害別人。怕傷害人，怕得罪人，怕有損於自己的教師形象，這才是強迫面具的本意。為什麼怕傷害別人？因為她有一個「優秀教師」面具。

愛恨交織的情感糾葛——矛盾型依附

透過對嬰兒的觀察，約翰·鮑爾比（John Bowlby）發現了三種依戀模式：安全型、冷漠型、矛盾型。安全型依戀的特點是：媽媽離開的時候哭鬧，媽媽回來就安靜；冷漠型的特點是，媽媽離開無所謂，回來也沒什麼反應；矛盾型的特點是，媽媽離開的時候哭鬧，媽媽回來鬧得更誇張，媽媽不理他了，就纏著媽媽。

後來的研究發現，嬰兒期的依戀模式會延續到成年，對將來的人際關係產生影響。有些人在一起的時候吵吵鬧鬧，分又分不開，就是「矛盾型依附」的表現。**矛盾型依附就是既愛又恨，愛恨交加。**這說明當事人有兩個相反的面具，一個愛對方，一個恨對方。愛對方是因為對方有可愛之處，恨對方是因為對方有可恨之處。自我統一的人傾向於綜合評估：如果對方優點多於缺點，就把他評定為「好人」，而對他的缺點持包容和接納的態度；如果對方缺點多於優點，就把他評定為「壞人」，敬而遠之。其實，可愛和可恨、優點和缺點、好和壞，都是主觀判斷，與評判者的價值觀有關，「蘿蔔白菜，各有所好」。自我統一的人看問題不會那麼極端，因為是綜合評估，分數不可能太高，不可能太低，所以不會大愛大恨，不容易發生矛盾型依附。

矛盾型依附還有一個特點，就是愛和恨互相混淆。例如，心裡是愛對方的，但表現出來的是傷害；或者心裡是恨對方的，但嘴上說很愛對方。對方接收到的是矛盾的資訊，或者錯誤資訊，所以無所適從。也許，當事人自己也不知道，他的某種表現到底是出於愛，還是出於恨。

希區考克的《驚魂記》

諾曼．貝茨是一家汽車旅館的老闆，很小的時候，父親就去世了，他和母親相依為命。但是，母親對他非常嚴厲，經常羞辱他。他對她既愛又恨，十年前，他把她殺了。

諾曼應該是一個非常封閉的人，母子關係就是他的一切。在這種關係中，他形成了兩個人格面具，一個是「諾曼」，一個是「母親」，兩個面具的關係是矛盾型依附。母親死了，「母親」面具透過喪失認同而得到加強，並轉化為主體面具。諾曼經常把自己打扮成母親的樣子，學母親說話，或者把自己分裂成兩個人，一問一答。為了強化「母親」面具，他還把母親的遺體做成標本，悉心照顧「她」。當然，偶爾也會跟「她」吵架。

瑪莉安小姐來投宿，諾曼對她產生了好感，想請她吃飯。結果，「母親」吃醋了，對他大喊大叫，瑪莉安小姐全聽到了。可是，諾曼不顧「母親」的反對，給瑪莉安小姐送來食物，並跟她聊了一會兒天。聊天中，他透露出對母親的不滿和擔憂。當瑪莉安小姐暗示他的母親可能心理不正常，應該去身心科醫院，諾曼勃然大怒。瑪莉安小姐趕緊道歉，然後回房休息。就在她洗澡的時候，「母親」來了，拿刀往她身上亂砍。

諾曼發現「母親」身上有血，意識到她殺人了，跑到瑪莉安小姐的房間，瑪莉安小姐已經死在浴缸裡。諾曼是個孝順的孩子，他為「母親」清理現場，銷毀證據。

最後一個鏡頭，「母親」為了保護諾曼，承擔了全部罪責，也就是從「母親」的視角向警方供認了整個犯罪經過。

「母親」為什麼要殺瑪莉安小姐？因為她勾引諾曼。

「母親」怎麼知道瑪莉安小姐勾引諾曼？因為諾曼對她動心了。

「母親」怎麼知道諾曼動心了？因為他們是一個人，共用一個身體。

就算諾曼動心了，「母親」為什麼要殺瑪莉安小姐？因為諾曼是她的，母子相依為命。當瑪莉安小姐問諾曼有沒有朋友時，諾曼說：「媽媽就是男孩子最好的朋友。」這說明母子關係取代了男女性愛。這已經不是一般意義上的戀母情結了，而是一種「亂倫」。

這部電影的三點啟發：

(1)「靈魂」可以不死。電影的英文名字叫「Psycho」，就是「心靈」或「靈魂」的意思。母親死了，諾曼「接受」了她的靈魂，母親的靈魂在諾曼身上延續，或者說在諾曼身上「附體」。原來，「靈魂不死」是這個意思。

(2)戀母情結處理不好，後果是很嚴重的。正常人通常在六、七歲「解決」戀母情結，然後把注意力轉向同齡的朋友。如果這一步沒有完成，孩子繼續被束縛在媽媽的身邊，將無法融入社會，無法正常地談戀愛，無法正確處理夫妻關係。

(3)我們為什麼會傷害自己所愛的人？因為我們愛他，也恨他。我們自己有許多面具，對方也有許多面具，互相都很喜歡是不可能的，愛恨交加在所難免。一個人如果內心不夠統一，就會自我矛盾，表現在人際關係上，就是矛盾情感，也就是既愛又恨，或者忽愛忽恨。另外，就是像諾曼那樣，當一個面具愛上了某個人，另一個面具會出於嫉妒而恨那個人。

我是父母的提線木偶——雙重束縛

雙重束縛俗稱「兩頭堵」，這樣做不行，那樣做也不行，讓人「動彈不得」。例如，家長不允許孩子出去玩，怕他受到傷害，或者學壞；但孩子待在家裡礙手礙腳，家長又嫌他煩。或者，家長要求孩子好好讀書，別的什麼都不用管；而孩子不會做家事，不會待人接物，家長又嫌他笨手笨腳。雙重束縛很容易激發苦命人面具。

網路成癮

一對夫婦帶孩子來做諮詢，原因是孩子整天玩電腦，不去上學。

孩子今年十七歲，本來應該讀高一，但是剛進入高中，無法適應學校生活，才讀了兩個星期就逃回來了。家長好說歹說，都不管用。他已經在家裡待了半年，除了上網或看電視，就是睡覺。我問他為什麼不適應學校生活。他說不是不適應，而是覺得讀書沒有意義。讀書怎麼會沒有意義呢？他說這是他媽媽說的。

他父親大學畢業，但工作一直不順利，不如做生意的親戚有錢。而母親家的親戚都沒讀書，但生意做得很大，所以母親經常對父親說：讀書有什麼用！孩子小時候成績不錯，學習興趣也很高，但是每次拿到獎狀興高采烈的時候，母親就會給他潑冷水，說：「讀書有什麼用。」

我問他母親，既然讀書沒用，他現在不讀書了，為什麼又帶他來做諮詢？她說，他這個年齡，待在家裡也恰當。她不要求他讀書有多好，但高中應該讀完吧。

我對孩子說：「別人的家長對孩子有要求，孩子壓力很大，有的人因此而厭學。你沒有壓力，就當去學校玩，為什麼不去呢？」他說：「學校有什麼好玩的？」我說：「你這個年齡的孩子都喜歡玩的，你怎麼會不喜歡玩呢？」他

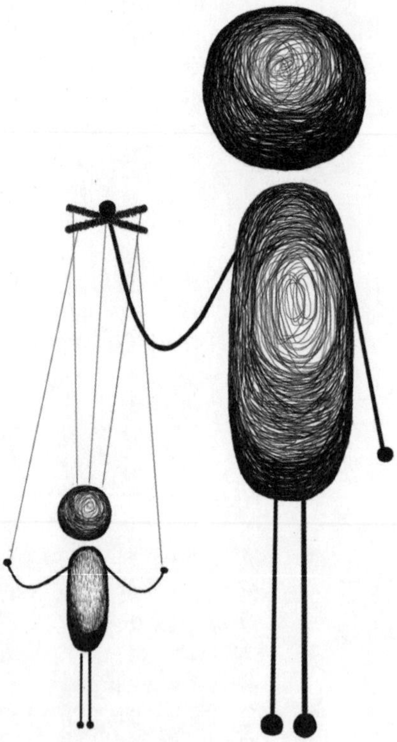

我是父母的提線木偶。

說：「我喜歡玩啊，但他們不讓我玩。」

我問他喜歡玩什麼。他說什麼都喜歡。他母親補充說：「他總是喜歡跟一些不三不四的人玩，常常半夜也不回家。」他爭辯說：「哪有半夜不回家？」我請他母親舉例說明。她說：「他經常玩到天黑才回家，晚飯都趕不上。」我說：「天黑和半夜，還是有區別的。」她說：「要不是我管著他，他就會玩到半夜。」我問她：「他現在整天待在家裡。哪裡也不去，你應該滿意了吧。」她說：「整天待在家裡也不行，人會變傻的。」我問她：「那怎麼辦？」她反問我：「你說怎麼辦？你是專家啊。」

我問她：「到底希望他待在家裡，還是出去玩？」她說：「不能老是待在家裡，應該出去走走。但要按時回家。」我問她「按時」是什麼意思。她說「按時」就是「按時」。她開始質疑我的智商了。

我叫她具體一點：什麼時間可以出去玩，什麼時間必須回家。她說：「這個並不重要，重要的是他跟什麼人玩，玩什麼。」我問她：「他可以跟什麼人玩，不可以跟什麼人玩？可以玩什麼，不可以玩什麼？」她說：「應該跟好孩子玩，不能跟壞孩子玩；對人有益的可以玩，對人有害的不可以玩。」我問她：「誰是好孩子，誰是壞孩子？什麼對人有益，什麼對人有害？」她不屑回答這個問題。

我說：「如果家長沒有一個具體、明確的要求和標準，孩子就會無所適從。也許家長自己心裡有數，但是，如果不說清楚，孩子是不可能知道家長的想法的。所以，家長必須說，而且要說清楚。連我都聽不明白，孩子更聽不明白。」

我問她，既然認為讀書沒用，是不是想讓孩子去學做生意？她說，她最看不慣生意人。

孩子的父親終於開口了。他說：「她什麼人都看不慣，你做什麼事她都認為不對。」她立即反他，「你說你做什麼事我都認為不對，你都做了什麼了？」他說：「你讓我做什麼了嗎？」

我問孩子，「想不想說點什麼？」孩子說：「有什麼好說的，說什麼都是錯的。」我說：「不說就對了嗎？」他說，不說也是錯的，但相比之下他寧願不說。做什麼都是錯的，不做也是錯的，但相比之下，他寧願什麼也不做。他父親可能也是如此。

這位母親不只是雙重束縛，而且是多重束縛。在她的眼裡，很多事情是不好的，所以很多事情都不能做，能做的很少。這是嚴重缺乏安全感和信任感的表現，也是人生觀消極、悲觀的表現，說明她有很強的苦命人面具和惡魔面具。她把苦命人面具投射給老公和兒子，自己充當惡魔，抑惡抑善，使老公和兒子陷入「習慣性無助」的狀態。

病態的審美意識——完美主義者

有些家長不是雙重束縛，而是追求完美，即同時提出兩種或兩種以上互相矛盾、難以統一的要求，也就是幾個相反或對立的面具同時出場。如果當事人智商和情商都很高，也許可以滿足所有的要求，或者在各種要求之間找到平衡點，達到盡善盡美；如果智商或情商不太高，怎麼努力都無法達到要求，就會陷入類似於「雙重束縛」的狀態，導致「精神崩潰」。

很多家長不直接告訴孩子做什麼、怎麼做，而是讓孩子自己去揣摩。如果孩子揣摩錯了，就予以批評，甚至打罵；如果孩子揣摩對了，家長認為這是理所當然的，不予讚美。結果，孩子不知道什麼時候對，只知道什麼時候錯，也會陷入雙重束縛的狀態。

現實生活中，完美主義非常普遍。例如，要求自己辦事效率高，又要盡善盡美，而速度快了就會潦草，精益求精會影響速度。有的人找對象，要求對方具備運動員的體質，有演員的容貌，還要家境富裕、有教養、風趣幽默、善解人意、有進取心、會賺錢、愛家庭等等。

追求完美的母親

三年前，她第一次來找我。她給我的印象是：漂亮、高雅、幹練。她是為兒子的事而來的。十年前，她在辦離婚的時候，兒子診斷出妥瑞症。本來兒子是判給丈夫的，看到兒子口角歪斜、全身痙攣，她心一軟，就把兒子接了過來，並開始了長達十年的求醫之旅。她帶著兒子跑遍全國，去過所有的大醫院，看過所有的知名專家，但症狀時輕時重，始終遷延不癒。在這個過程中，她自己也成了專家。

她的兒子既有妥瑞症又有過動症，這兩種病常常伴隨而來，但治療方法正好相反。治療妥瑞症的藥會引起過動，治療過動症的藥會加重抽動。因此，治療妥瑞症伴過動症一直是個難題，我想在兩者之間找出平衡點，使妥瑞症和過動症都處在最低水準。結果發現，這個平衡點很難找到，原因在於他的母親是一個追求完美的人，容不得一丁點兒的妥瑞症狀。於是，我只好另闢蹊徑，建議他去做感覺統合訓練。做了一個療程，效果很好，症狀明顯減輕，藥量也減了一大半。但是，他的學習成績下降了。老師找她談話，她覺得無地自容，把兒子訓斥了一通。結果，他又擠眉弄眼，手腳動個不停。

這樣的事以前也發生過好幾次。學習一放鬆，症狀就會減輕；症狀改善了，成績下來了；一重成績，症狀又加重了。

我問她：「學習重要還是健康重要？」

她說她當然知道健康重要，但是，學習不好也不行。就算她放手了，老師也不答應。

「到底是老師重學習，還是你重學習？」

她說是老師。

「那好，」我說，「換個學校。」

換什麼學校呢？我提議去武術學校。武術學校學習壓力小，練武和感覺統合訓練有相似的功效，可以緩解抽動和過動的症狀。另外，這個孩子身體素質和心理素質都比較差，容易焦慮，人在焦慮的時候小動作就會增多，而習武有助於提高身體素質和心理素質。孩子一聽很開心，他說他一直想學武術，可是家裡不同意。

不久以後，孩子轉學到一所武術學校。第一次考試，他的成績全班第一，他立即有了自信。雖然他開始的時候不太適應高強度的體能訓練，但他還是堅持下來了。一個學期後，他的精神面貌煥然一新。他長高了，長胖了，臉黑了，肌肉結實了，舉止穩重了，抽動和過動的症狀沒有了，一家人皆大歡喜。三年一晃而過，媽媽接他回來參加中學考試複習。結果，他的症狀又出現了。原來，武術學校的教學水準比普通學校差很多。他在那裡能考七、八十，這個成績相當於普通學校的二、三十。所以，他感到壓力很大，很焦慮，小動作也多了起來。她希望我能提供一些方法，減輕他的焦慮，使他順利透過入學考。

我問她：「你為什麼要他參加入學考？想讓他考上什麼樣的學校？」

她說，她並沒有要求他考上什麼學校，只是覺得中學考試是人生的一次經歷，應該讓他體驗一下，讓他學會對自己負責。

「既然如此，你就告訴他，考多少分都沒關係，進考場坐坐，然後回來。這樣的話，他就不會太焦慮。即使焦慮也不要緊，大不了腦子一片空白，一個字也寫不出來，反正不在乎分數，不用想考上什麼學校。」

她無言以對。

我又問她：「到底是你焦慮，還是他焦慮？我覺得是你的焦慮引起他的焦慮。」

她承認自己的確很焦慮。她把所有的心血都放在他身上，他卻這麼沒出息。

我說：「其實他的病都是你引起的。你使他焦慮，焦慮導致抽動和多動。」

她立即抗議。

我馬上轉移話題：「你為什麼把所有的心血都放在兒子身上？你應該有自己的生活，你再婚了嗎？有男朋友了嗎？」

她說她不想再結婚，因為她很獨立，不需要依靠任何人。

「結婚是為了依靠？」

她說：「你是男人，你不理解。」

「我的確不理解。難道你沒有情感需求嗎？」

她說她很充實，不需要男人，連想都沒有想。

「可悲，你太壓抑了，你像一個聖人。」

她大吃一驚，原來她的家人也這麼說她。她的丈夫是個無賴，家人都勸她離婚，她堅絕不離。家人說她把自己當聖人。

她的確像個聖人，她很完美。她說她沒有給孩子施加壓力，但是，兒子在她身邊就會感到有壓力，這是相形見細引起的壓力。

令人抓狂的選擇猶豫症——決策困難

強迫症病人和完美主義者常常會遇到決策困難。面對一個選擇時，不知道選A好，還是選B好；需要做出一個決定時，不知道YES好，還是NO。好。

這是因為他有兩個面具，一個選A，一個選B，或者一個YES，一個NO。

什麼是人格面具認為，一個人做決策，其實就是他的所有人格面具「集體決策」。**如果面具間的關係比較和諧、融洽、統一，決策就比較容易。即便不是全票透過，至少也能達到三分之二以上的票數。**如果面具間的關係不融洽、不統一、互相對抗，決策就很困難。一個面具支持，必有一個面具反對，支持者和反對者勢均力敵，無法最後拍板。

「好人」

他是一個強迫症患者，症狀非常複雜，粗略彙總如下：

(1)他常常為了要不要找工作而發愁：如果找到了工作，別人就失去了一個工作的機會，這等於害了別人。如果不工作，自己就沒有經濟來源，生活就成問題了。

(2)他很想給災區捐錢：但是，如果捐了，自己的生活就沒保障了。不捐，又覺得自己太自私。

(3)總是想這麼多，內心很痛苦，他希望自己不要想。後來腦子變遲鈍了，真的不會想了，他又著急了，擔心自己變成傻子。

好糾結啊！我讓他自己把問題概括一下。他說，他想做好人，又不想做好人。

他有一個「好人」面具，想把工作的機會留給別人，給災區人民捐錢。同時，他又有一個「普通人」面具，需要工作，需要錢，需要像樣的生活。好人大公無私，對自私自利深惡痛絕，鄙視普通人。而普通人的確很自私，一心只想著自己，像鐵公雞一樣，一毛不拔，還認為好人傻。

我問他，迄今為止，他捐了多少錢。他說，一毛也沒捐。一想到捐錢，他就陷入矛盾，一連串思想跳出來：一個說捐；另一個說：「你自己都沒錢，幹嘛捐啊？」；第三個說：「你這樣太自私。」；第四個說：「自私就自私吧。」；第五個說：「做人不能太自私，人應該互相幫助，況且我也不是身無分文，有錢不捐也會花掉。」」；第六個說：「我捐了錢，別人肯定會認為我腦子有毛病。」」。結果就不捐了。

有一次，他遇到一個潑婦，對他出言不遜，他很氣憤，想揍她。後來一想，如果把她打死了，自己還要償命，所以能控制住了。後來又想，這樣是不是很窩囊，沒有血氣，年輕人應該有點血氣方剛。按照心理學的觀點，人應該做真實的自己，既然有氣，就應該接受，不應該壓抑。但是，如果人人都這樣，社會不就無法無天了？

他還想從政、經商、當明星，但是，這些想法很快就被自己否定了。前段時間他看到新聞：某個億萬富翁過分張揚，結果被人殺了。他說自己個性也很張揚，擔心自己有了錢，也會被人殺了，所以猶豫要不要去賺錢。我告訴他，他想成為億萬富翁，基本上是不可能的。如果他能夠成為億萬富翁，他也完全可以在賺到一個億之前就停下來，不讓自己成為億萬富翁。就算成了億萬富翁，被殺掉的機率也很小。為了這麼小的機率，他就不去賺錢了，把極大機率的幸福生活給放棄了。這筆帳到底應該怎麼算？

其實，**每個人都有好人面具和普通人面具。好人就是超我，普通人就是本我；好人就是理想我，普通人就是現實我。正常情況下，兩者既有聯繫又有區別，也就是「部分重疊」，不會脫節。**但在患者身上，兩者完全被割裂了，並且處於對抗狀態。為什麼會這樣呢？

患者說，他的父親是一個極度自私的人。從他懂事開始，他就對父親很反感，發誓將來絕不做父親那樣的人。原來，他向父親「反向認同」了。

反向認同很普遍，如果我們不喜歡某個人的所作所為，就會拒絕像他那樣行事，而跟他反著來。然而，反向認同是很表面的，它的背後隱藏著「認同」。也就是說，我們是先「認同」了他，形成一個人格面具，然後再塑造一個與之相反的人格面具。**反向是表面現象，認同才是本質。**

患者認同了父親，形成了「壞人面具」。他不認可這個面具，便反其道而行之，透過反向作用，形成「好人面具」。可是，好人在明處，壞人在暗處，好人鬥不過壞人，只能空想一番。有意思的是，壞人後來把自己打扮成普通人，從地下走向地面，與好人分庭抗禮。

每個患者都是戴著一堆人格面具來就診的，因此，同理心就成了一個問題。如果跟普通人同理心，好人會不同意；如果跟好人同理心，普通人會抵制或耍賴。患者只能保持中立，然而中立也不是萬全之策，弄不好會兩頭受氣。

諮詢目標也是如此。普通人的目標是做真實的自己，輕鬆、自在、瀟灑、隨性；而好人的目標是做道德高尚、對社會有益、被別人稱讚的人，例如：偉人、聖人、名人、科學家、大企業家、國家元首。

所以，當我跟他討論諮詢目標時，他的第一反應是「做好人」。他本來就是衝著這個目標來的，他要壓制普通人，順順利利地做好人，不受普通人的干擾和阻撓。

這個時候，我自己的傾向性出來了，我是傾向於做普通人的。但是，患者非要做好人，我沒有權利反對他，我必須尊重他的選擇，我的使命就是證明他實現他的目標。可是，當我準備針對他的諮詢目標深入討論時，他的主意改變了，他想做普通人，因為做好人太累。

為什麼我們總是對自己不滿意？

人格面具是人格的最小單位，它應該是「自我」統一的。一個人如果不喜歡自己，表示他有兩個面具，其中一個不喜歡另一個。每個人都有許多面具，互相喜歡就能統一，互相不喜歡就會分裂。當兩個互相不喜歡的面具撞在一起時，就會互相詆毀、自我否定、自我懷疑、自我貶低，甚至自責、自傷、自虐、自殺。

阿德勒認為：最基本的心理動力是自卑，自卑激發權力意志，權力意志的作用就是克服自卑。一個人越自卑，越想往上爬，越想出人頭地。反過來說，如果一個人老想往上爬，進取心非常強，那這個人一定是很自卑。

有的人說，努力進取不是為了出人頭地，而是讓自己生活得好一些。這種觀點的背後隱藏著一句潛台詞：如果不努力進取，生活就會不好。這是缺乏安全感的表現。**心理學研究證明：安全感是非常重要的心理動力，常常壓倒快樂和權力，甚至生理需要。一個人如果缺乏安全感，非常努力地使自己安全一些，正說明他不接納自己。**

努力進取就是不安於現狀，說明對現狀不滿。現狀包括環境，也包括自身。對現狀不滿，意味著對自己也是不滿的。在很多情況下，恰恰是因為對自己不滿，而把不滿情緒向外投射，才對環境產生不滿。

長痘痘

二十四歲的女孩，臉上長了痘痘，她為痘痘而煩惱。她知道長痘痘是因為內分泌失調，而煩惱會加重內分泌失調，所以她希望自己不要煩惱。我問她，就算長了痘痘又怎樣，她煩惱什麼？她說，長了痘痘，人會變難看，她怕男朋友不要她。

男朋友是高富帥，她在他面前一直有自卑感，總覺得自己配不上他。我問，他有沒有覺得你配不上他呢？她說，他嘴上當然說沒有，但心裡怎麼想，就不知道了。她也不敢多問，怕他煩了，只能一個人心裡演著小劇場。

我說，大多數人都認為，嫁人就要嫁一個條件比自己好的。她說她知道，她媽媽一直都是這樣教導她的。問題是，她和他相差太懸殊了。她出身卑微，既不漂亮又不聰明，又沒工作，現在還長了痘痘。其實，她長得相當漂亮，目前在讀研究所，我也沒看出她臉上的痘痘。她說是打了很厚的粉底。既然能夠被粉底遮住，表示痘痘不多，也不大。她說她的臉蛋原來是很光亮的，像剛剝出來的雞蛋。

一般說來，小孩子的自卑通常都是家長強加的。中國的家長喜歡批評不喜歡讚美，認為表現不好應該批評，表現好不必讚美。最後，孩子聽到的批評多而讚美少，自我評價就偏低。她立即反駁說，母親對她從來都是鼓勵。

阿德勒認為，最基本的心理動力是自卑。

母親是個有能力的人，裡裡外外都能打理得很好。她很佩服母親，也非常依戀母親。她很想學母親的樣子，但學不會，所以很排斥自己。也可以說，她表面上從母親那裡學到了一些東西，但覺得很累，很想做回自己。讀大學的時候失去了母親的監督，她開始放縱自己，虛度光陰。現在想起來很後悔。

原來，她是因為跟母親比較而產生自卑。她說她的性格像父親，父親太沒用，她不喜歡他，感情上跟他比較疏遠。

我心想：一個孩子，怎麼會覺得父親沒用而不喜歡父親？這樣的觀念肯定是別人強加給她的。果然，她說母親不喜歡父親，而她偏偏像父親，所以母親不喜歡她的性格，想按自己的樣子塑造她。結果，她變得不倫不類，學了母親的一點皮毛，骨子裡卻還是像父親，內心無法協調。這樣看來，「母親對她從來都是鼓勵」這句話要打一個折扣。也許母親嘴上是鼓勵，但內心是責備，而她是一個敏感的孩子，能夠透過母親的鼓勵「看到」母親的責備。換句話說，母親的鼓勵是一種策略，或者手段，目的是改變她。之所以要改變她，是因為母親不喜歡她，對她不滿意。

她一直在討好母親。為了討好母親，她刻苦學習。現在，她在討好男朋友。她在母親面前有自卑感，在男朋友面前也有。母親想塑造她，男朋友也對她期望很高。她沒有變成母親那樣的人，也無法達到男朋友的要求。

她說她生活中最重要的兩個人是母親和男朋友。原先只有母親，現在男朋友占了六成。男朋友希望她將來月收入達到數萬元，經濟獨立，不依靠他；最好生活上也獨立，不要依賴他。可是，她的專業不吃香，畢業以後頂多當個小行政人員，拿基本薪資。即使是這樣的工作，也不一定馬上就能找到。

PART 4

表裡如一
真的行得通嗎？

單一的人格面具

分裂的面具如果勢均力敵，就會輪流出場，或者一起上場。如果力量懸殊，就會一邊倒，一個長期占據人格中心，成為主導面具；而一個徹底壓抑，從而導致面具單一。面具單一非常普遍，幾乎所有人都是單一的，因為沒有一個人能夠把所有的面具都展示出來。因為單一，才顯現出人的個性。

面具單一主要有三種情況：一是主導面具非常突出，幾乎占據了「人格」的全部，弗洛姆稱之為「單面人」；二是某個面具非常強大，與之對立的面具沒有機會露面，給人感覺性格比較「偏」，不全面，不像一個有血有肉的人；三是除了主導面具之外還有一個面具，它頻頻露面，「強迫性重複」，給當事人的人生「塗上某種色彩」。

一般說來，單一是相對的，壓抑是暫時的，被壓抑的面具遲早會露面，表現為發作和干擾，或者投射到別人身上。發作和干擾具有強迫性重複的特點，有時候很難與面具單一相區別。例如，衝動控制障礙和成癮行為都是發作性的，但發作太頻繁，顯得有些「單一」，而被歸入面具單一。

如果環境也是單一的，而且面具和環境相適宜，那麼面具單一就不是一個問題。除非環境改變，出現適應不良，或者當事人想「自我成長」，或者他損害了別人的利益，難以承擔社會壓力。

單面人的痛苦

一個人如果只有一個面具，在任何場合都使用同一個面具，他就是弗洛姆所說的「單面人」。在錯綜複雜的社會環境中，單面人把自己限制在某個特定的位置，與外界徹底隔絕。他的行為完全符合環境的要求，非常適應環境。但是，如果離開這個環境，他將無所適從，甚至無法存活。所以，他依賴自己的環境，不願意離開。他努力維護這個環境，害怕變化，反對改革。

單面人總是非常有個性，非常「典型」，用幾個形容詞就能把他的特徵描寫清楚，例如：勇敢、老實、勤奮，或者好與壞。別人對他的評價往往也非常一致，因為他只有一個面具，在任何人面前都是一個模樣。

單面人只適應一種環境，換了環境就會很不適應。所以，他可以適應得非常好，也可能適應得非常不好，這完全取決於你把他放在什麼環境裡。同樣，他和有些人關係非常好，和有些人則根本無法相處。當然，也有一些單面人和任何人都相處得很好，因為他的主導面具是「老好人」。

模範教師

她以前是老師，現在是老師的老師。她讀師範學校的時候就很優秀，不但成績好，而且頗具領導才能。畢業以後，她被分配到一所小學。三年之內，她拿了十來個獎，有地區裡的、縣市裡的。她是當地第一個獲獎的老師，一所市重點學校的校長對她非常賞識，就把她調了過去。到了新的崗位，她還是不停地拿獎，後來調到教育局，專門負責教師培訓。

她來找我是因為兒子考試「失常」，平時作業完成得很好，該掌握的都掌握了，可是一到考試，尤其是大考，就出狀況，考得還不是普通差，有一次只

她只有一個面具，在任何人面前都是一個模樣。

考了三十多分。問他當時在幹什麼，他說自己在認真考試，腦子很清醒，考完之後自評分數，都能估到八、九十。問他考試的時候是不是很緊張，他說不緊張。

我跟孩子聊了一下，發現他確實粗心，甚至可以說麻木。問他什麼，他都說不知道；而看他的表情，又不像是跟我抵觸。我把他轉介給同事去做評估。

有一次，她丈夫帶孩子來做評估，我和他聊了一下。他說，他知道問題在哪裡。媽媽太強勢，高壓政策，過分嚴厲，孩子沒有自己的思想，完全是為家長學習，所以沒有責任感。他也是老師，他覺得應該尊重孩子的天性，提倡「快樂學習」。看樣子，父親是站在兒子一邊的。

果不其然，當我告訴她，孩子的問題可能是教育方式不當引起的，她就向我控訴丈夫。說他對孩子過於放任，過分遷就，她教育孩子的時候，他還跟她唱反調。不光他這樣，他們全家都這樣。爺爺奶奶對孫子寵得要命，真把他當小皇帝了。她還說，丈夫就是一個不求上進的人，糊里糊塗地過日子，職位也不去爭取，整天跟朋友喝酒，沒有一點責任感，天塌下來也只管呼呼大睡。

我告訴她，父子倆這個樣子，很可能是她「配合」出來的。家裡有一個人太能幹，其他人就沒事情幹了。她已經把家經營得很好了，丈夫還有什麼必要出去打拚呢？她已經把教育孩子的重擔扛起來了，丈夫還有什麼必要插手呢？也許她認為有必要，但他認為沒必要。人的天性都是懶惰的，如果可以不勞而獲，幹嘛非要拚死拚活？

她說她最看不起不思進取、不勞而獲的人。我告訴她，他們這個樣子，其實是她一手「導演」的。她剝奪了兒子的自主權，所以兒子就沒有自主性了；她剝奪了丈夫的「夫權」，所以丈夫就不像一個一家之長了，也不去承擔一家之長的責任了。

她反問我，剛才不是說她「配合」嗎？怎麼現在又說她「導演」了？我說，是配合還是導演，主要看變化的大小，變化大的是配合，沒變化的是導演。她承認自己沒有多少變化，丈夫變化比較大。結婚之前，他個性比較陽光、比較上進。如果是現在這個樣子，她根本不會嫁給他。

她說她有教師情結，對教師很崇拜，從小就想當老師，大學考試分數考得很高，但她還是選了師範學校。所以，還沒報到，就已經被老師選為班長。她當了四年班長，後面三年是競選的，根本沒人跟她競爭。她還當過學生會主席、各種幹部，經常在大會上發言，代表學生或青年教師發表意見。她為自己能夠成為一名教師而感到光榮和自豪，她的理想就是成為一名優秀教師。她嚴格要求自己，時刻提醒自己是老師，要為人師表，以身作則。

我問她在家裡是不是也把自己當老師。她說是的。自從當了老師的老師，她就理直氣壯地管丈夫了。我問她：「也在別人面前當老師嗎？」她說：「當然。」誰都知道她是老師。

人格障礙本就是面具單一

人格障礙的特點是：某種性格特徵非常突出，明顯偏離常態，給人感覺比較怪異，與環境格格不入，常常導致人際關係困難。從人格面具的角度看，人格障礙就是面具單一。病人只有一個面具，不會變通，而且多半是原型面具。

精神分析認為：心理障礙就是心理幼稚，人格障礙也是如此。人格障礙的主導面具都是兒童面具，即苦命人面具、討好者面具、叛逆者面具和幸運兒面具。邊緣性人格障礙的主導面具是苦命人面具，依賴性人格障礙和表演性人格障礙的主導面具是討好者面具，反社會性人格障礙、迴避性人格障礙、強迫性人格障礙、分裂性人格障礙和偏執性人格障礙的主導面具是叛逆者面具。

上述這些人格障礙中，邊緣性人格障礙的情況要複雜一些。它實際上是集叛逆者和討好者於一身的，有時候是叛逆者，有時候是討好者，同時還有自我否定、自我挫敗、自傷、自殘、自虐甚至自殺。這些都是苦命人面具的表現。因此，可以把邊緣性人格障礙概括為苦命人面具，苦命人面具是它的主導面具，討好者面具和叛逆者面具是從苦命人面具衍生出來的。

邊緣性人格障礙為什麼是苦命人？大量研究已經證實：**邊緣性人格障礙與童年遭受的虐待有關。被虐就是受害，所以被虐的孩子都有一個非常強大的受害者面具。**為了擺脫這種處境，他們會把自己變成討好者，或者叛逆者，因為討好可以平息虐待，叛逆和反抗可以對抗虐待。但是，如果受害者面具很強，它會阻止自己從痛苦的命運中擺脫出來，換句話說，它有繼續當受害者的傾向。一方面表現為臣服於迫害者，像受虐狂，或者斯德哥爾摩症候群，心甘情願受奴役，這一點類似於討好者；另一方面表現為「欠扁」，也就是透過激怒別人而使自己受到傷害，這是叛逆者面具的一項功能。

綜上所述，**邊緣性人格障礙表現出來的是討好者和叛逆者，骨子裡卻是苦命人，討好者和叛逆者是從苦命人衍生出來的，表面上是為了擺脫痛苦的命運，其實是維持、鞏固和重演痛苦的。**

依賴性人格障礙的主導面具也是討好者面具，但與表演性人格障礙不同。表演性人格障礙是主動討好，用聰明、能幹來博取別人的喜歡；依賴性人格障礙是被動討好，用聽話、乖巧來博取別人的喜歡，甚至用裝可憐、施苦肉計來博取別人的同情。相比之下，表演性人格障礙離苦命人遠一些（靠近幸運兒一邊），依賴性人格障礙離苦命人近一些。依賴性人格障礙差不多正好落在受虐狂和斯德哥爾摩症候群這個點上。

反社會性人格障礙、迴避性人格障礙、強迫性人格障礙、分裂性人格障礙和偏執性人格障礙的主導面具都是叛逆者面具。為什麼這麼說呢？叛逆者面具有兩個特點：一是做不該做的，包括破壞、違紀、衝動、傷害；二是該做的不做，包括迴避、抵制、怠慢、被動攻擊。

反社會性人格障礙主要表現為做不該做的，迴避性人格障礙等主要表現為該做的不做。**反社會性人格障礙與迴避性人格障礙的另一個區別是：前者把別人變成受害者，以進攻為主；後者把自己當作受害者，以防守為主。**

強迫性人格障礙也把他人想像得非常可怕，但它堅信只要把事情做好，就不會受到傷害，因此自我要求很高，做事非常認真，近乎苛刻。認真做事也是一種討好，所以強迫性人格障礙兼有討好者面具，它是迴避性人格障礙和依賴性人格障礙的混和。強迫性人格障礙常常把自己弄得很累、很苦，說明它的苦命人面具也很強。

分裂性人格障礙堅信現實真的很可怕，於是把自己封閉起來，不跟別人來往。這是迴避、抵制、怠慢、不屑的表現，是無聲的抗議和無形的叛逆。

偏執性人格障礙是被動攻擊者中最主動的一類，它會對假想敵發起攻擊。但和反社會性人格障礙不同，偏執性人格障礙攻擊他人是為了防守和自衛，即使先發制人，也是出於無奈；而反社會性人格障礙是真正的主動進攻，根本不需要理由。

同是叛逆者，迴避性人格障礙等離苦命人近一些，反社會性人格障礙離苦命人遠一些（靠近幸運兒一邊）。依次為強迫性人格障礙、迴避性人格障礙、分裂性人格障礙、偏執性人格障礙和反社會性人格障礙。

偷竊是讓父母難看的手段——衝動控制障礙

衝動控制障礙是一種心理障礙，包括縱火癖、偷竊癖、病理性賭博、購物狂等。**其特點是經常出現某種非常強烈的衝動，伴有內心緊迫感，甚至痛苦，不得不付諸行動，事後有解脫感和輕鬆感。這種行為用批評教育和處罰是改變不了的。**

衝動控制障礙和強迫症有某些相似之處，所以統稱為「強迫類群障礙」。後者還包括藥物依賴、進食障礙（貪食症和厭食症）、網路成癮等。這些「強迫譜系障礙」也被稱作「成癮行為」。

偷竊癖

求助者是一位高三女生，父母都是高級知識分子，家庭條件相當好，本人又是品學兼優，很受老師和同學的喜愛。誰也不相信，她居然會偷東西。有一天，她在學校食堂偷同學的錢包，被監控器拍了下來。鐵證如山，誰也無法否認，於是引起了老師和家長的重視。在母親的陪同下，她來到了我的心理諮詢門診。

她對自己的所作所為供認不諱，但是又感到迷惑不解。她說，她經常是在看到某件東西的時候突然出現心慌、氣促、坐立不安，同時產生一種強烈的衝動，非要把這件東西拿過來。然後，她的行為就不受自己控制了。拿了東西以後，全身舒服，好像好好地睡了一覺或洗了一次三溫暖。這種情況是在兩個月前開始的，她已經作案十幾起，偷到現金一千多元，還有一些食物、玩具、裝飾品、生活用品。錢存在銀行裡，食物吃掉了，物品藏在皮箱裡。

她不知道自己為什麼要這樣做，她並不缺錢，她所偷的東西自己都買得起。她知道這樣做是不對的，如果被人抓住，就會身敗名裂，所以竭力克制自己，但是發作的時候就沒有克制能力了。

第一次諮詢，我給了她了以下作業：由校長親自告訴她，學校的每一個角落都裝了監控器，她的一舉一動都受到監視，如果再犯，處罰是非常嚴厲的；找幾個要好的同學二十四小時陪伴，禁止單獨行動；寫一篇自傳。

一週後複診，她帶來了自傳。從自傳中發現，她的父母非常嚴厲，對她要求很高，所有的事情都有嚴格的規定，她根本沒有機會表現自己的想法。如果違反規定，父母從來不打不罵，而是跟她講道理。父母都是高級知識分子，她永遠講不過他們，只能無奈地認錯，然後改正。大多數情況下，認錯是違心的，她口服而心不服。從小學五年級開始，就學會了說謊。被父母識破了幾次後，她說謊的本事大大提高，以後就再也沒被識破。因此，在父母的眼裡，她一直是個好孩子。對於這個「好孩子」來說，說謊成了一種樂趣，是暗中對付父母、報復父母的一種手段。在心理學中，這種情況稱為「被動攻擊」。

我向求助者解釋，她的偷竊行為也是一種被動攻擊。她悟性很高，一點就通，隨即表示要把被動攻擊變成主動攻擊，把自己的意願和不滿直接表達出來，改掉陽奉陰違、口是心非的毛病，不再當面唯唯諾諾，背後做小動作。徹得她的同意後，我把她的自傳給她的父母看，他們看了以後非常震驚，開始反思自己的教育方式。

最後一次諮詢，一家三口都來了。他們分別表演了過去的教育方式和現在的教育方式。過去的教育方式是以理壓人，現在的教育方式是尊重、理解和支持。

偷竊癖是「小偷面具」的顯現。每個人都有小偷面具，絕大多數人都曾經偷過東西，但偷竊的原因和目的各不相同。有的人是因為缺少或需要某樣東西而去偷，有的人是因為嫉妒別人擁有某樣東西而去偷，有的人是為了引起別人的關注而去偷，有的人是為了讓某人難堪而去偷。這位求助者屬於後面兩種情況。

偷竊是她表達心聲的一種方式。如果別人沒有「聽見」，說明表達無效，必須繼續努力，直到別人「聽見」為止。只有東窗事發，他們的心聲才會被「聽見」。所以，偷竊癖病人總是不遺餘力地暴露自己，不達目的，誓不罷休。問題是，周圍的人能不能「聽懂」他們的心聲。

對她來說，偷竊也是讓父母難堪的一種手段。因為父母都是高級知識分子，是非常體面的人。她對父母的某些作法感到不滿，但又不敢正面反擊，正面反擊也發揮不了作用，只好被動攻擊。如果父母沒有發現，被動攻擊就發揮不到讓父母難堪的作用。所以，她必須讓別人知道，讓父母知道她做了一件極不光彩的事。

因此，偷竊癖通常都有不斷升級的特點，開始小偷小拿，後來越偷越大、越來越大膽，甚至發展成公開搶奪，最後被人抓住。對於這種現象，一般的解釋是：每一次得逞都是對偷竊行為的獎賞，所以興趣越來越高，膽子越來越大。其實，這只是表面現象，真正的原因是希望被抓，希望受到懲罰。

大多數偷竊癖病人的道德觀念是很強的，他們知道偷竊不對，會受到懲罰，但是又控制不了自己。**對於他們來說，做了壞事沒有受到懲罰，跟做了好事沒**

有受到稱讚一樣，心裡是不舒服的。只有受到了應有的懲罰，心裡才會踏實。

偷竊行為的升級就是為了暴露自己，最後受到懲罰。

PART 5

掙脫束縛的牢籠

發作的人格面具

面具單一意味著相反的面具受到了壓抑。如果壓抑非常徹底，那麼，被壓抑的面具可能一輩子也沒有機會露面。如果壓抑不徹底，總有一天會衝到前台，導致心理障礙發作。所有發作性的心理障礙，包括短暫性精神病發作、歇斯底里症、憂鬱症、驚恐發作、恐懼症、急性壓力疾患、反應性精神病、發酒瘋等，都屬於這種情況。

有些發作是有原因的，例如：恐懼症、急性壓力疾患、反應性精神病等；有些沒有明顯的原因，例如：短暫性精神病發作、歇斯底里症、憂鬱症、驚恐發作等。這取決於被壓抑的面具的強度。如果強度不大，則只在外界因素的作用下發作；如果強度很大，即使沒有外界刺激，也會「自動」發作。

對於有原因的發作來說，原因就是「適宜的情境」，它往往也是面具形成的最初情境。面具當初就是在這種情境下形成的，一旦情境再現，面具就會「被召回」，自動登場。當然，除了原初情境，類似的情境也能啟動面具，這取決於相似的程度和面具本身的強度。

發作會給生活和工作帶來不好的影響，所以總是遭到進一步的排斥和壓制。而發作本來就是壓抑引起的，壓制是無法徹底防止發作的。相反地，越壓抑，越容易發作。因此，一旦發作，**就要讓它釋放，然後予以安置。發作，是發現被壓抑的面具並整合這些面具的良機。**

誰偷走了你的快樂——憂鬱症

憂鬱症是苦命人面具的顯現，這個面具平時躲在暗處，不為人知，一旦被某種因素激發出來，成為主導面具，就會使人陷入憂鬱狀態。苦命人面具屬於原型面具，每個人都有，因為每個人都經歷過痛苦。

當一個人正在遭到傷害，毫無反抗的能力，也沒有逃跑的機會時，他的內心是非常絕望的，心身醫學稱之為「習得性無助」（learned help lessness）。這種狀態就是所謂的「心死」，不會抗爭，不會逃跑，因為抗爭和逃跑是沒有用的，無法消除痛苦。整個人被痛苦所籠罩，什麼也不能做，全面壓抑。最徹底的壓抑是死亡。徹底壓抑的苦命人不多，大多數苦命人多少抱有一點希望或幻想，所以他們會求饒、逃跑或者抗爭。

苦命人面具有兩個變體：棄嬰面具和受害者面具。

每個人都有棄嬰面具，因為每個人都曾經被「遺棄」，只因有些人被遺棄的時間很短，沒有造成嚴重的創傷，對將來的生活影響不大。但是，如果遇到生命攸關的事件，這個面具還是會被激發出來的。

客體關係理論認為，嬰兒沒有統合能力，他對事物的感知是分裂的。媽媽悉心照顧他，他就認為她是好媽媽；媽媽一時疏忽，他就認為她是壞媽媽。即時照顧、毫無疏忽的媽媽是不存在的，絕大多數媽媽大部分時間能夠悉心照顧，偶爾疏忽一下。溫尼科特稱這種媽媽為「足夠好的媽媽」。有一個足夠好的媽媽，孩子就能健康成長，這樣的孩子僅有輕微的棄嬰面具。如果媽媽不夠好，疏忽多於照顧，棄嬰面具就會很強大。如果媽媽徹底遺棄了孩子，棄嬰面具就會成為主導面具。

棄嬰面具的特點是缺愛、被忽視、不被人喜歡、無價值感、分離焦慮、被拋棄、被拒絕、無助、孤單。由此會產生兩種相反的繼發反應：一是索愛、依賴、討好、自強不息、完美主義，稱為「討好者」面具；二是自我挫敗、自憐、作賤自己、自虐。前者是為了擺脫被遺棄的命運，後者是為了維護棄嬰的身分。兩者結合，產生第三種繼發反應——過分順從、委曲求全、捨己為人、大公無私，表面上是試圖擺脫被遺棄的命運，實質上是維護棄嬰的身分。

奧托・蘭克（Otto Rank）認為最早的心理創傷是出生，稱為「出生創傷」。孩子一出生，第一件事就是哭。哭是因為喪失，因為分離，因為無助，哭是求助。離開子宮，切斷臍帶，等於被逐出伊甸園。從此以後，要靠自主呼吸來保持血氧濃度。所以，出生就是被遺棄。

過去，人們都是在家裡生孩子的。孩子出了子宮，就來到媽媽的懷裡。被遺棄的時間短，失而復得，不容易造成傷害。隨著醫學的發展，生孩子也變成了「流水作業」。孩子一生下來，就被送到嬰兒室。許多孩子在一起，哭聲此起彼伏，猶如棄嬰大合唱。每隔幾個小時，嬰兒會被抱去吃奶。吃完了奶又被送回嬰兒室。如此持續三到七天，終於徹底回到媽媽身邊。這段經歷大大地強化了棄嬰面具。上幼稚園，甚至上小學，都會引起分離焦慮，會不會激發棄嬰面具，則取決於棄嬰面具的強度。

棄嬰面具的另一個來源是母親的疏忽。即使是最稱職的母親，偶爾也會疏忽，不能及時關注孩子，當孩子覺得被遺棄，就會放聲大哭。哭聲引來母親的關注，棄嬰面具暫時退場。如果母親很不稱職，棄嬰面具就會得到強化。

受害者面具的特點是痛苦、壓抑、絕望、「心死」，也有三種繼發反應，一是透過求饒、妥協、抗爭或逃跑，擺脫被害的命運，相當於「討好者面具」和「叛逆者面具」；二是透過認罪、自裁、贖罪，維護受害者的身分，稱為「罪人面具」；三是二者的結合，如示弱、挑釁、以死抗爭，表面上是試圖擺脫被害的命運，實質上是維護受害者的身分。

求饒就是討好，大多數人遭到攻擊時都會呈現出討好的姿態。有人認為，苦

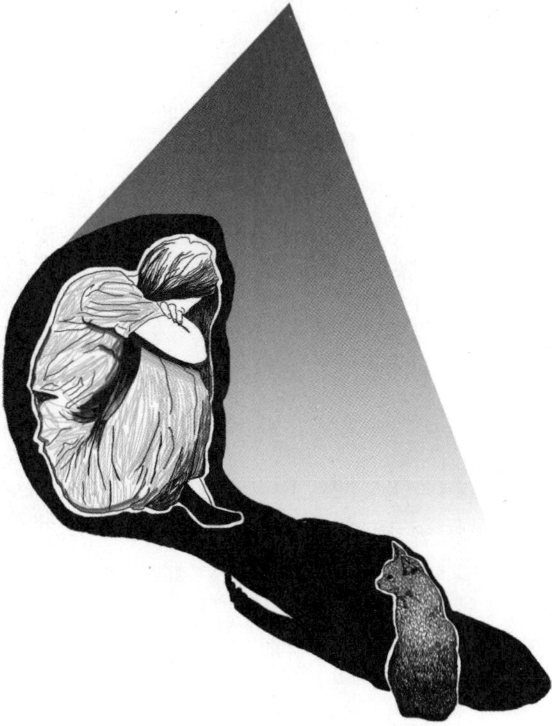

憂鬱症是苦命人面具的顯現。

命人和討好者在許多方面表現相同，很難分清楚哪種表現屬於誰。例如：他們都是蜷曲身體、低頭、下跪、哭泣。不過，討好者往往表現得比苦命人更加誇張。這是因為，討好者表現誇張，可以更加有效地抑制對方的攻擊性，使傷害早點停止。

如果再過度激烈一點，受害者就會變成自虐狂。自虐等於替迫害者傷害自己，這樣一來，迫害者就不用親自動手了，來自他人的傷害就提前結束了。另外，**受害者還常常會有罪人面具。他認為自己命中註定要受苦，受苦是一種報應，因為他曾經做過壞事。所以，他必須受苦，他心甘情願接受懲罰，甚至主動要求多受一點苦，以便早點解脫，這叫「贖罪心理」**。重大災害的倖存者常常有這種心理，他們失去了享樂的能力，為自己還活著而感到愧疚和自責，有的人甚至因此而自殺。

有些受害者試圖逃跑，而且成功逃脫。他們不是真正的受害者，而是潛在的受害者。他們總是擔心受到傷害，所以一直保持警惕，隨時準備逃跑。潛在的受害者就是「膽小鬼」，他膽子很小，很怕受到傷害，對傷害非常敏感。草木皆兵，有許多假想敵。在他眼裡，外面的世界非常可怕，他人就是地獄。如果他能量稍大一些，很可能就變成了偏執狂。偏執狂也擔心別人傷害他，甚至認為別人已經傷害他，所以他反抗或者訴訟。**受害者很容易變成報復者，他受到了傷害，必須讓別人也受到傷害，以牙還牙，以眼還眼。**從受害者變成報復者，就是對迫害者認同，自己變成迫害者。

所有這些努力雖然是為了擺脫受害的命運，但結果很可能是招來更嚴重的傷害。例如，求饒、妥協、討好就是示弱，會讓別人覺得你好欺負，因而肆意欺負你；整天戰戰兢兢、誠惶誠恐，像受了驚的兔子，把別人都當成迫害者或假想敵，就是向別人投射迫害者面具，有的人就會接招，真的變成迫害者；認罪、贖罪、自裁、自虐，則是自討苦吃，有的人會乘機幫你一把；而抗爭和報復，很可能會被對方視為挑釁或叛逆，從而遭到更嚴厲的打壓。

受害者面具是怎麼形成的？研究結果顯示很多是由於虐待，包括身體虐待和性虐待。我們可以把虐待理解為毫無理由的肆意傷害，完全是傷害者自身的問題造成的。傷害者可能有精神病、人格障礙、酗酒，或者受了精神刺激。因為沒有理由，所以受害者不知道怎麼求饒，不知道怎麼抗爭，不知道往哪裡逃，頓時陷入「無助無望」狀態，苦命人面具一次成形。這樣的傷害者就是惡魔。

第二種是有理由的傷害，理由就是受害者做錯了事要對其進行懲罰，美其名曰「管教」。傷害者以明君自居，懲惡揚善，獎優罰劣，有人做錯事情或表現不好，他就要嚴懲不貸。因為有理由，所以受害者可以糾錯改正，投其所好，把握局勢，擺脫受苦。但是，有些受害者沒那麼聰明，揣摩不出傷害者的意圖，以為對方沒有理由，因而誤認為對方是惡魔，從而形成苦命人面具。除了身體的傷害，還有精神的傷害。比如有的迫害者不打人，專門罵人，也可以塑造出受害者面具。

第三種情況是自然因素造成的傷害，例如受傷或生病也可以使人形成受害者或苦命人面具。

還有一種情況比較特別，就是開玩笑。很多大人喜歡跟孩子開玩笑，逗孩子玩，「嚇唬」他，跟他唱反調，故意把他逼急。有些孩子知道是開玩笑，就以遊戲的心態應對；有些孩子則會把它當真，以為大人不喜歡他，故意讓他難受。孩子會覺得很受傷，從而認定對方是不折不扣的惡魔。有些人，名義上是開玩笑，但也不能排除「施虐心理」在背後作祟。他們的玩笑往往開得比較過分，非把孩子避急了、弄哭了不可。孩子越是心急如焚、哭笑不得，或者叫苦連天、哭爹喊娘，他們越開心。所以，跟孩子開玩笑要注意，不能把玩笑變成傷害，更不能以開玩笑的名義「虐待」孩子。

「幸福」的女人

她因產後憂鬱症來找我，在其他醫院做過心理測驗，症狀輕微，我把她轉介給一位同事做心理諮詢，效果相當不錯，但不夠徹底。三個月後，她要求我給她做心理諮詢。

她說自己很幸福。父母對她好，老公對她好，公公婆婆對她好。我說，這些肯定不是憂鬱症的發病原因，我讓她說說不好的，例如：生活中有哪些不如意。她說，沒有任何不好。

無奈之下，我給她做了催眠。經過催眠誘導，我讓她進入一個地下室。她說，地下室裡雜亂地堆著棍子、石頭，還有一隻箱子。打開箱子，裡面是螺絲刀、扳手，還有一張一樣大或A4紙，紙上寫著幾個英文字母，她不懂英語，不知道是什麼意思。我問她：「紙是誰放在箱子裡的？」她說是她老公藏的，不想讓她知道。我問，她老公為什麼把紙藏在箱子裡？她說是一個女孩給她老公的，後來糾正說是兩個女孩，但她不知道是哪一個。這兩個女孩都在老公廠裡工作，一個是老公的表妹，一個是表妹的同學。我請她問問老公的表妹紙是不是她的。表妹說：「怎麼可能啊！」我再請她問表妹的同學，同學沉默。看來她默認了。我請她再問她為什麼把紙給她老公，英文是什麼意思。她不回答。

我告訴她，她並不像自己所說的那麼幸福。她的內心壓抑著很多東西，只是她不願意承認而已。

她是在生孩子的時候發病的，因為「麻醉過量」，她呼吸困難，感覺自己馬上就要死了。從那以後她就非常怕死，天天想到死。家人對她好，她會想，是不是自己得了絕症了？想到自己死了，孩子怎麼辦？老公怎麼辦？父母怎麼辦？

她之前已經有一個孩子，今年六歲。我問她，既然已經有一個了，為什麼再生第二個。她說她喜歡孩子，覺得一個不夠，而且她一直沒工作，閒著沒事，就再生一個。我問她為什麼沒工作。她說自己學歷不高，沒有一技之長，很難找到好的工作，薪資太低她又看不上。

她說自己喜歡孩子，但是兩個孩子卻都讓別人帶。我問她為什麼讓別人帶。她說她不會帶，帶孩子太累。我問她知不知道孩子不比自己帶好。她說，不會啊，她小的時候就是別人帶的，不是好好的嗎。我心想：這還好啊？

她說她從小成績就不好，但一直當班級幹部。當班級幹部是因為能說善道、能歌善舞，討人喜歡。因為成績不好，同學不服她，她也感到自卑。我問她為什麼不把成績唸上去。她說唸書太累。我說討人喜歡也很累啊。她說她喜歡，所以不覺得累，但是現在後悔了。她喜歡打扮，喜歡買東西，喜歡花錢。小時候家裡條件一般，但她給人的感覺卻是家裡很有錢。她現在有錢了，但是跟周圍的人相比，還想賺更多的錢。她老公家裡是開工廠的，但老公不會經營，事業正在走下坡路。她不斷給老公打氣，老公毫無反應。她只好自己出馬，貸了一大筆款，擴大業務。結果，效益不好，利息又高，壓力很大。現在有了第二個孩子，壓力更大了。

她認為她的病是生活壓力引起的。我說壓力也是她自找的。已經有一個孩子了，幹嘛非要再生一個？開工廠是老公的事，為什麼非要插手？

她的話很矛盾，喜歡孩子，卻不自己帶；很幸福，又覺得生活沒意思；家裡條件一般，卻「假裝」很有錢；現在有錢了，但還想賺更多的錢。她說家人對她好，她就認為可能是因為自己得了絕症，這是「受寵若驚」的表現。如果家人一直對她好，怎麼會受寵若驚呢？她說以前家人對她沒這麼好。

到此為止。我已經識別出她的五個面具：棄嬰面具，小時候被父母「拋棄」，現在「拋棄」自己的孩子；討好者面具，由棄嬰面具轉化而來，透過討好別人「包裝」自己，贏得別人的認可，同時壓抑自己的真實感受和想法，毫無原則地把別人的觀點吸收過來，「以為」自己很幸福；公主面具，對生活要求高，有品位，需要更多的錢，怕累，所以不工作，也不自己帶孩子，但在現實面前，這個面具是不滿足的；苦命人面具，由棄嬰面具和公主面具轉化而來，有太多的不滿足，所以覺得自己命苦，家人對她好，她還覺得自己不配，懷疑是因為自己得了絕症；女強人面具，小時候當過班級幹部，現在嫁給一個「窩囊」的老公，她只好自己出頭，所以壓力很大。

無病呻吟的心理病症——焦慮症

棄嬰面具和受害者面具都會焦慮和恐慌，焦慮和恐慌是對被遺棄和受傷害的反應，也是努力掙脫被遺棄和受傷害的狀態的表現。如果不掙扎了，那就是純粹的苦命人了。**我們把掙扎中的苦命人稱為「遇難者」，焦慮症是遇難者面具的顯現。**

一般人遇到危險的時候都會緊張、焦慮、害怕、恐慌，然後叫喊、呼救、奔跑、躲避、砸東西，最後得到別人的救助，或者自己逃脫，否則就是一命嗚呼。這一系列情緒和行為構成一種「模式」，定格在「神經回路」和人格結構中，形成遇難者面具。

每個人都有遇難者面具，因為每個人都曾經遇到過災難。人生的第一次遇難可能就是出生。離開母體，被「拋進」空氣中，臍帶隨即被剪斷，這是多麼危險啊。所以情急之下就哭了，這一哭，打開了呼吸通道，於是有了自主呼吸。

從此以後，一旦覺察到危險，人就會大聲地哭。哭聲是對媽媽的呼喚，媽媽來了，危險就被排除了。

其實哭有很多種，傷心的哭、委屈的哭、害怕的哭、求救的哭都是不一樣的。傷心的哭和委屈的哭可以是無聲的，害怕的哭和求救的哭一定是非常大聲的。遇難者的哭就屬於害怕的哭和求救的哭。

遇難者面具是有作用的。一個人如果沒有遇難者面具，遇到危險也不知道害怕，不會求救，也不會逃跑，後果可想而知。如果遇難者面具太強，就會對危險「過於敏感」，整天提心吊膽，憂心忡忡，這就是焦慮症了。遇難者面具怎麼會太強呢？最主要的原因是：曾經遇到了非常危險的事情，造成了嚴重的心理創傷，留下了很深的陰影。

面具的形成有兩種形式：一種是常態的，透過長期、重複的實踐而形成；一種是非常態的，一次「曝光」，終生不忘。心理創傷就屬於後面這種情況。在應激狀態下，人的意識或理智會受到破壞，意識的「過濾」作用消失了，外界資訊長驅直入，在心靈深處「曝光」。除此之外，過度興奮、過度疲勞和催眠狀態下也容易發生「曝光學習」。

創傷的體驗是痛苦的，一般人都不願意回憶，甚至要努力忘掉。努力忘掉其實就是壓抑。可是面具是有能量的，如果釋放了也就變弱了，如果一直壓抑著，能量就會聚集起來，變得越來越強，最後在不該出來的時候衝出來，導致焦慮發作。

因為是在並無實際危險的情況下出現焦慮症狀，所以這又被稱為「無名的焦慮」。病人知道這種焦慮是不應該的，是不合理的，是沒理由的，所以進一步壓制。實在壓制不住，就找醫生，醫生用自己的知識和經驗幫助病人繼續壓制。結果，壓制越厲害，能量聚集得越多，遇難者面具越強大，需要更厲害的壓制。

治療焦慮症的最佳方法是釋放焦慮情緒。焦慮情緒釋放了，遇難者面具變弱了，不會無緣無故地冒出來，就沒有「無名的焦慮」和焦慮症了。

有些病人容易走極端，聽說面具可以「釋放」，就要求把它徹底「釋放」掉，不留一點痕跡。其實，沒有遇難者面具也是不正常的，是危險的。想把遇難者面具徹底「釋放」掉，表示病人仍然排斥這個面具。排斥就是壓抑，所以讓病人接受遇難者面具是很重要的。

更徹底的人格分裂——歇斯底里症精神障礙

分離障礙又稱歇斯底里精神障礙，是歇斯底里症的一種表現，包括失憶、神遊、情感爆發、多重人格和歇斯底里症精神障礙。按讓內的觀點，歇斯底里症病人統合能力受損，整個意識被劃分為不同區域，互相之間失去聯繫。正常情況下，「主意識」起作用；一旦發病，整個人就被某個「邊緣意識」所控制，表現與平時截然不同。讓內所說的「主意識」相當於主導面具，「邊緣意識」相當於被壓抑的面具。主導面具出場的時候表現正常，被壓抑的面具一出來，就不正常了。由於主導面具和被壓抑的面具本來就是對立的，有你沒我，有我

歇斯底里症發作的時候，真的像「變了一個人」。

沒你，因此發作的時候整個人與平時判若兩人。

分離障礙和分裂的區別在於：分離障礙患者的兩個面具地位不等，一個長期占據人格中心，一個偶爾露面；分裂的面具地位平等，輪流執政，平分秋色。

分離障礙不同於其他發作，發作的時候真的「變了一個人」，事後常常回憶不起來發作過程。這說明：分離障礙的面具與整個人格的分裂更加徹底。

失憶

一個二十二歲的年輕人在親戚家裡打工，有一天早上起來，突然不會說話了。親戚立即通知家長，家長把他送到醫院。五官科醫生給他做了檢查，沒有發現異常，懷疑他是歇斯底里症，把他轉介到身心科。身心科醫生排除了腦器質性疾病，採用暗示療法，病人很快就能說話了。但是，他不知道自己是誰，也不認識家人和親戚。醫生試著給他做催眠，結果，要嘛催不進去，要嘛呼呼大睡。治療了一個多月，毫無效果，只好先回家，另做打算。在回家的路上，他覺得什麼都很新鮮，彷彿從來沒有見過，所以充滿好奇，非常陶醉。到了家裡，他有一種熟悉感，但不知道這是誰的家。他知道什麼東西放在哪裡，日常生活熟門熟路、得心應手。但他叫不出生活用品的名稱，家人只好從頭教起，他學得很快。

這個孩子一定是遭到嚴重的心理創傷，無法承受精神痛苦，才把自己「整個」忘掉，全部交給一個從來沒有露過面的面具。這個面具不認識家人，不認識家，也不認識「自己」，所以覺得一切都很新鮮。他對所有的東西都很好奇，也很好學。他彷彿來自另一個世界，他無憂無慮、幸福快樂。

這個面具大概只有一兩歲，這個年齡的孩子剛剛學會說話，詞彙量比較少，很多東西不會命名，但學得很快。他也分不清親戚，頂多覺得熟悉。所以，他雖然不認識家人，叫不出誰是誰，但是家人帶他走，他一點也沒有遲疑。

家人四方打聽，終於瞭解到一些情況。發病前一天，他跟親戚吵過架。他一直是個乖孩子，從來不跟人吵架。那一天卻一反常態，吵得很凶。吵架的原因不清楚，按親戚的說法，是因為他做事偷懶，親戚說了他幾句。這樣的話以前也有過，畢竟還是孩子，偷懶也是常有的事，想不到這一次反應這麼激烈，他回親戚的話非常難聽。

我猜想，他在親戚家裡打工，親戚並沒有特別照顧，而是和其他人一視同仁，甚至對他更嚴格一些，他一定覺得很委屈。但是，因為是親戚不能撕破臉面，所以只好忍著，心裡很壓抑。那一天，他終於忍不住了，親戚一訓斥他，他就爆發了。他勃然大怒，破口大罵。如果當時手裡有刀，他會當場把親戚砍了；如果當時手裡有槍，他會當場把親戚斃了。因為沒有刀，沒有槍，所以沒有釀成惡果。但是，這個想法已經在他的腦海裡呈現，甚至已經被他說出來。**他為自己有這樣的想法和說出這樣的話而感到害怕，於是動用心理防禦機制使自己失聲，忘掉自己的想法，忘掉吵架，忘掉一切。**

不就是跟人吵架嘛，至於這樣嗎？吵架的時候就算說「我要殺了你」，也沒什麼大不了的。問題在於，他是乖孩子，從來沒有吵過架，從來沒有過如此「惡毒」的想法，所以才會嚇到自己。同一個想法，同一句話，對不同的人來說，分量是不一樣的。

從來沒有吵過架，卻吵得那麼痛快；從來沒有過這樣的想法，卻這麼想了。這表示他不是不會吵架，也不是不會這麼想，而是壓抑。也就是說，他有一個叛逆者面具，但一直處於壓抑狀態，表現出來的是討好者。那一天，終於壓抑不住了，他一反常態，變成了叛逆者，差點殺了親戚。他為自己的表現感到震驚、害怕、後悔，於是重新把叛逆者壓制下去。

身在曹營，心在漢——游離的人格面具

游離就是「身在曹營，心在漢」，恍神，走神。過動症（學名「注意缺陷多動障礙」）的孩子經常這樣。強迫症病人經常出現「雜念」，也就是強迫性思維，自己認為不應該、沒必要，但控制不住。當雜念出來的時候，他們會跟

雜念抵抗，其實跟雜念抵抗也是雜念，所以會游離得更加厲害。創傷後已替代礙的病人常常會出現「閃回」，也就是不由自主地回憶起創傷事件。閃回可以在夢裡出現，經常做噩夢；也可以被某種情境激發，進而「觸景生情」；還可以自動出現。自動出現的閃回與過動症（走神）、強迫性思維在形式上很難區別，但內容不同。走神就是想入非非，內容通常都是當事人所嚮往的；強迫性思維是當事人認為不應該、沒必要的，所以會自我批判；閃回的內容是創傷性的，令當事人感到痛苦，所以通常也會被竭力克制，但是，也有陷入很深「不能自拔」的。

什麼是人格面具認為：游離不僅僅是出現一種雜念，而是出現一個與情境無關的面具。雜念來自面具，是面具的組成部分。例如，上課走神是因為「小調皮面具」跑出來了。它之所以會在上課的時候跑出來，是因為它能量很大，需要釋放。它之所以能量很大，是因為受到壓抑，它還沒玩夠。閃回是因為遇難者面具跑出來了。創傷事件塑造或激發了受害者面具和遇難者面具，這兩個面具令人痛苦，所以受到壓抑。由於壓抑，面具的能量得不到釋放，聚集起來，達到一定程度，就會「闖入」意識，暫時成為主導面具。

與憂鬱症、焦慮症、短暫性精神病發作和分離障礙相比，遊離屬於小發作、輕微發作或不完全發作。壓抑的面具並沒有控制整個人格，進而影響當事人的言談舉止，只是「闖入」意識，出現雜念而已。別人通常看不出來。最多發現他走神、發呆或心不在焉。

從某種意義上講，做夢也是游離和輕微發作。幻想俗稱「白日夢」，更是游離和輕微發作。

PART 6

主導面具與潛在面具的拉鋸戰

面具干擾

被壓抑的面具有時候並不試圖闖入意識，而是繼續躲在幕後對外顯的面具產生影響，從而干擾「正常」的心理活動，使人無法隨心所欲、心想事成。

被壓抑的面具是無意識的，它一直沒有露面，我們只能根據當事人的表現去推斷。例如：他想做某件事，但是由於干擾，最後沒有做成。他想做某件事，這是他的目的；最後沒有做成，這是結果。結果和目的不同，在排除了外界因素後，就提示存在另外一個面具，是它把行為導向這個結果。這個結果就是潛在的面具的「目的」。

一個人非常努力地去做某件事，結果沒有成功，這叫**「事與願違」**，原因是潛在的面具不想成功。相對於潛在的面具而言，主導面具的全部努力都屬於「反向作用」。

如果潛在的面具能量更強一些，它會控制身體，使主導面具**「身不由己」**，做出一些與主導面具的目標不一致的事情。與事與願違相比，身不由己的干擾作用更明顯。

還有一種情況，比身不由己更嚴重，簡直就是**「自我拆台」**。例如，很想做某件事，後來發現難度很大，擔心自己做不好，幹脆不做了。這說明：「很想做」只是表面現象，潛在的面具根本不想做。有些求助者心裡根本不想做某件事，但是，為了迎合別人，表面上積極地去做，暗地裡把事情搞砸。別人責問的時候，他卻爭辯：「我也是很想把事情做好啊。可是不知道怎麼地就搞砸了。」這不是干擾，而是狡辯。

為何總是事與願違？

許多人都有這樣的經驗：越想把一件事做好，越做不好。這是因為，他有兩個面具，一個想把事情做好，一個不想把事情做好。想把事情做好的面具占主導地位，不想把事情做好的面具處於壓抑狀態。所以，當事人覺得自己是想把事情做好的，否認自己有不想把事情做好的想法。但是，結果總是非己所願。

有一個面具，就會有一個與之相反的面具。有想把事情做好的面具，就有不想把事情做好的面具。想把事情做好的面具越強烈，不想把事情做好的面具也越強烈。反之，如果想把事情做好的面具不那麼強烈，「平常心」一點，那麼，不想把事情做好的面具也不會太強烈。這樣一來，干擾就少了，更容易心想事成。

懷孕焦慮

她去年結婚，當時沒想要孩子。半年前工作壓力增大，想換一下工作，就把生孩子當作理由。兩個月沒懷孕，她就著急了，去醫院檢查，做了輸卵管造影，結論是雙側輸卵管阻塞，於是去做手術。又發現輸卵管是通的，但有子宮內膜異位症，改為藥物治療。藥物的作用是抑制卵巢功能，因而出現停經和更年期症候群的症狀，如潮熱、出汗、心慌、失眠、脾氣暴躁，於是中斷治療。醫生說停藥半個月，症狀就會消失。今天是第十天，症狀如故，她非常擔心。

她認為自己好不起來了，再等十天也一樣，因為不是藥物的作用，而是心理

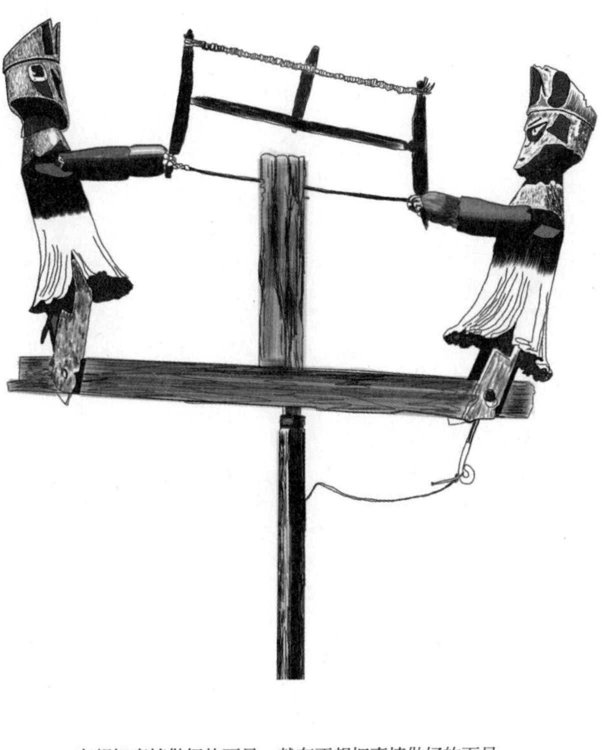

有想把事情做好的面具，就有不想把事情做好的面具。

障礙。她不只是失眠，而且是怕失眠。越怕失眠就越失眠，惡性循環。想打斷惡性循環，但找不到切入點。過去也曾失眠過，不理它，或吃一顆安眠藥就可以了。現在不行，不理它，失眠會影響懷孕；吃安眠藥，會影響胎兒。她已經走進死胡同，進也不是退也不是，非常絕望，甚至想到了死。她認為自己得了憂鬱症。

她說自己一直很順，要什麼有什麼，想做什麼都能成功，這一次遇到了大挫折，所以無法接受。她以為生孩子很簡單，想什麼時候開工就什麼時候開工，想什麼時候完工就什麼時候完工，一切都在計畫中。

我問她，誰說失眠影響懷孕？她說想不起是從哪裡聽來的，但她堅信睡眠充足總比失眠好。我說我也相信睡眠充足比失眠好，但失眠對懷孕到底有多大的影響？我認為影響不會太大。如果失眠都會導致不孕，那就不需要避孕藥了。

而且，兩個月不懷孕是很正常的事，二、三年不懷孕才算是不孕症，才需要做檢查。她急急忙忙去做輸卵管造影，屬於「過度醫療」，可能是碰到了「菜鳥醫生」。她說是自己求子心切。我有一種直覺，求子心切的背後，可能是「害怕懷孕」。當然，這句話我沒說出來。

剛結婚的時候不打算要孩子，這可以理解，現在很多人都這樣。半年前突然打算生孩子，動機不是真心喜歡孩子，而是為了逃避工作壓力。所以，兩個月不懷孕，心裡就著急了，不知道如何向公司交代。做輸卵管造影可能是上當受騙，治療子宮內膜異位症又是什麼？使用抑制卵巢功能的藥與生孩子根本是背道而馳的。

現在，她把注意力集中在失眠上，用失眠來「影響」懷孕：失眠不利於懷孕，吃安眠藥影響胎兒。如果得了憂鬱症，她更有理由擔心要不要懷孕、能不能懷孕了。

她問我得了憂鬱症怎麼辦？我如實回答：「先進行心理諮詢。一個月無效再改用藥物治療，只是服藥期間不能懷孕。」她表示同意。我建議她同時練練瑜伽，做做按摩，適量運動，夜裡睡不著就把丈夫叫醒聊聊天，不要獨自煎熬。

她說她已經決定回娘家住一段時間，請媽媽陪她散散心。我說這樣也可以。等她走後，我發現我上當了——夫妻分居，怎麼懷孕？

她有一個非常強大的不想要孩子的人格面具，暫且稱之為「頂客面具」，同時又有一個非常想生孩子的人格面具，即「準媽媽面具」。在工作壓力和社會輿論的影響下，頂客面具鬥不過準媽媽面具，退居幕後，暗中破壞準媽媽的「做人」行動。先是以治療子宮內膜異位症的名義抑制卵巢功能，然後用失眠「影響」懷孕，最後為了調養身體而夫妻分居。

失誤是無意識的目的——自我拆台

「懷孕焦慮」裡的「她」表面上很想懷孕，但是，她的有些作法與懷孕是背道而馳的。說明「她」不僅僅是事與願違，還出現了自我拆台的苗頭。

自我拆台非常普遍，而且很容易被識破。一個人如果很想做某件事，但是發生了一個失誤，事情做不成了，就是自我拆台。例如，一個學生去參加一個非常重要的考試，結果把時間記錯；一個人很喜歡某部電影，結果到了電影院門口，發現電影票忘了帶了；一個很想拿冠軍的運動員，過度訓練，結果不能參加比賽。佛洛依德專門研究過「失誤」，認為失誤是無意識的目的。

有的人甚至「故意」讓自己失誤。偷竊癖病人主觀上是不想被別人發現的，但是，如果沒被發現，他就會繼續偷下去，直到被發現為止，似乎他的目的就是被發現。變態殺人狂喜歡在現場留下標誌，目標是引誘警員來抓他。據說，如果遇到無能的警員，他們會很抓狂。這很像小孩子捉迷藏，如果長時間沒被找到，會故意暴露自己。**躲起來的「目的」是被找到**。與此相似，愛滋病恐懼症病人表面上害怕得愛滋病，不想得愛滋病。但是，陰性結果總是無法令他滿意，他會一直檢查下去，似乎就想得到陽性結果。完美主義就是透過無限制地提高要求，把自己打敗。拿不了第一名就不參加比賽，得不到重視就自暴自棄。**「寧為玉碎，不為瓦全」「寧缺毋濫」都屬於自我拆台**。

阻抗分析

十年前他就想出家，但是，他放不下家裡人。當時弟弟還小，家境比較困苦，他是家裡的主要經濟來源。現在他還想出家，但是放不下女朋友，他們已經戀愛了五年。

他的問題是：出家，還是成家。

為什麼要出家？出家的原因是什麼？他說了很多，但沒說清楚，概括起來是：了斷生死；更好地修行；人生無常；對婚姻有恐懼感；賺錢太少；看不慣家人的所作所為；父親太專權、太霸道；禪定的感覺非常好。

父親一直偏愛弟弟，弟弟做什麼都是對的，他做什麼都是錯的；儘管事實證明弟弟所做的很多事是錯的，他所做的是對的。他想證明自己，但是父親總是視而不見。他認為父親有問題，想糾正父親，但是父親非常固執。他們沒有共同語言，一說話就吵架。

現在，父母逼他結婚。他沒有房子，賺錢又不多，怎麼結婚？再說，女朋友也有許多毛病，他一直想改變她，她卻屢勸不聽。

他說父親霸道，其實他也很霸道，他憑什麼認為父親有問題、弟弟有錯、女朋友有毛病？

他承認自己受了父親的影響，變得跟父親一樣了。他知道這樣不對，他擔心自己將來也會像父親對待他那樣對待孩子，使孩子跟他一樣不幸，一樣心理不健康。所以，他不想結婚，結了婚也不能生孩子。但是，正如父母現在逼他結婚，將來也會逼他生孩子的。他很清楚父母慣用的伎倆。

看來，他是因為被逼無奈才想出家的。

其實沒有人逼他，是他自己在逼自己。三十多歲的人了，幹嘛那麼聽父母的話？把父母的話當耳邊風就是了。他說不是他要聽，而是如果他不聽，母親會生氣，會氣出病來，甚至上吊、跳河。他不想讓母親傷心。

他被他們控制了。

我問他真的相信有西方極樂世界嗎？他說他相信。那就好辦了，立即出家。

有這麼好的事，還猶豫什麼！

佛教講「苦」，講「空生老病死都是苦，塵世的一切都是苦，明白了這個道理，就要趕緊放下。生老病死也是空，一切約束、牽掛都是空，沒有什麼放不下的。他說道理他都懂，但還沒有領悟，所以需要修行。出家就是為了更好地修行。

我認為他根本不懂「一切皆苦，四大皆空，諸行無常，諸法無我」的道理，如果真懂了，就不需要修了。如果你真的知道有一面「牆」是紙糊的，就會敢於一頭撞過去，而不需要先練頭上的功夫。

他根本不相信佛教，所以需要修行。他也不相信修行，所以必須出家。學了十年的佛，他什麼也沒學到，也沒有修行。做了三個月的心理諮詢，什麼問題也沒解決，諮詢師給的作業也沒有完成。他似乎是非常積極地尋求解決問題的方法，但是所有的方法在他這裡都是行不通的。他把所有的路都堵死了，讓自己動彈不得。他打敗了自己，也打敗了諮詢師。諮詢師和他一樣感到無力、無助、無奈。

其實，他根本不想改變。他所做的一切努力，都不是為了出家或學佛，而是制止自己出家和學佛。十年來，他給自己找了一大堆藉口：弟弟不懂事，家境困難，社會輿論，父母要他結婚生子、傳宗接代，孝心，責任感，母親生氣，談戀愛。既然想出家，還談什麼戀愛？最近，他終於下了決心，跟女朋友分手了。按理說，現在可以出家了。可是，父母給他介紹對象，他居然還是去了，而且感覺不錯。既然感覺不錯，那就成家吧。然而，他又說，擔心感情深了擺脫不了，必須儘快出家。

他為什麼不想動彈？因為現狀對他是有好處的。可以滿足他的某種願望，他樂在其中，他習慣了。他的願望是什麼？就是跟父母繼續糾纏下去，讓父母不開心。他有一個「出家人面具」，很想出家，出家的理由非常充分。同時，他有一個「孝子面具」，找了許多理由，製造了很多「事故」，不讓自己出家。

出家人在明處，孝子在暗處。

控制不住的強迫性恐懼

有的病人過分害怕某種事物，明知這一事物不存在或不會發生，並無實際的危險，不應該害怕，但怎麼也控制不了自己的情緒，這叫「強迫性恐懼」，是強迫症狀的一種。從表面上看，病人有兩個面具，一個害怕，一個認為不應該害怕。其實，還有第三個面具，它希望害怕的事情發生。換句話說，他有三個面具，一個是肇事者，它「想」某件事發生；一個是膽小鬼，它「怕」某件事發生；一個是明白人，知道那件事不會發生。膽小鬼和明白人都不希望那件事發生，目的相同，共同占據人格的中心位置；而肇事者受到排斥，處於潛伏狀態，淪落為干擾面具。肇事者雖然沒有露面，但是膽小鬼「感覺」到了它的存在，知道它蠢蠢欲動，所以非常害怕，不得不加強防範。

人都是怕死的。但是如果太怕死了，那就是心理障礙，稱為「死亡恐懼症」。單純的死亡恐懼症很少見，死亡恐懼症常常隱藏在驚恐障礙和慮病症之中。驚恐障礙的表現是「強烈的恐懼、焦慮，明顯的自主神經症狀，並常有人格解體、現實解體、瀕死恐懼，或失控感等痛苦體驗」。慮病症的表現是「對軀體疾病過分擔心，其嚴重程度與實際情況明顯不相稱，反覆就醫或要求醫學檢查，但檢查結果陰性和醫生的合理解釋均不能打消其疑慮」。

另外，憂鬱症、焦慮症、強迫症、恐懼症也常常伴有死亡恐懼。症狀嚴重的病人精神非常痛苦，常有生不如死的感覺，有的病人可能會以死來消除死亡恐懼。如果問病人到底是怕死還是想死，他們可能會回答：「既怕死，又想死。」這句話聽起來是自相矛盾的。

根據精神分析，怕死有兩種情況：一是現實恐懼，即生命受到威脅，死亡真的臨近了；二是神經症性恐懼，即沒有實際的生命危險，死亡是想像出來的。

活得好好的，為什麼會那麼怕死呢？

人有生的本能和死的本能。死的本能如果很強烈，就會給自己製造危險，發生意外，或者直接自殺。當一個人意識到自己的死亡衝動，一定會非常恐慌，並採取措施避免死亡或防止自殺，這就是「怕死」。這說明：想死和怕死是相輔相成的。**想死是無意識的，怕死是意識的；想死是原因，怕死是結果。**

一個人如果一點都不想死，幾乎沒有死亡衝動，他就不會怕死，因為死亡跟他沒有關係。隨著死亡衝動的增強，他開始怕死了。當死亡衝動達到中等水準時，怕死是最強烈的。如果死亡衝動進一步增強，他會無意識地製造危險，使自己發生意外。當死亡衝動達到頂峰時，他就自殺了。

完全沒有死亡衝動是不可能的，因為死的本能是與生俱來的，而且持續終生。所以，人人都怕死。但是，由於正常情況下死亡衝動很微弱，不太可能威脅到自己，所以怕死的程度不會太強烈。相反地，當死亡衝動達到中上水平時，想死戰勝了怕死，反而一點也不怕死了。這時候，人會變得異常勇敢，完全無視危險，甚至故意拿生命去冒險。

死亡衝動是年齡的函數，年齡越大，死亡衝動越強。另外一個影響因素就是心理創傷和心理障礙。心理創傷激發苦命人面具及其變體（遇難者面具、棄嬰面具、受害者面具），而苦命人面具的特點是「心死」。心理障礙則大多數是苦命人面具的顯現。

飲鴆止渴

他是「性病恐懼症」患者，病程十餘年，吃過藥，做過心理諮詢，病情時好時壞。本次發病是因為老婆懷孕後，店面只能由他一個人經營，工作忙，導致精神壓力大。他說他喜歡戶外活動，不適合站櫃台，整天困在店裡，覺得很無聊，容易胡思亂想。知道自己的想法很荒謬，沒有事實根據，但是還是控制不住去想，因此非常苦惱。

真的沒有事實根據嗎？

他想了一想說，當然是有根據的。他有過多次一夜情，有幾次還忘了戴保險套。

病了十多年了，還敢搞一夜情，這不是找死嗎？

他說，搞一夜情有兩個原因：一是精神壓力大，需要放鬆一下；二是理智上知道自己實際上沒有得性病，「性病恐懼症」完全是自己嚇自己。

他怕得性病，卻繼續搞一夜情，而經常搞一夜情，難免會得性病，說明他潛意識裡就是想得性病。我想給他做精神分析，揭示症狀的意義，探討症狀背後的原因。但是，他太焦慮了，急於想擺脫症狀，無法對症狀進行深入探討。我讓他「面對」症狀，他繞來繞去，最後都會繞到如何緩解症狀上去，把我也弄混了。我告訴他，任何緩解症狀的作法都是治標，應該徹底放棄。他反問我：「徹底放棄了，症狀就會減輕嗎？」我說：「放棄抵抗，接納症狀，症狀就不會再困擾你。如果它不再困擾你，在和不在就沒什麼區別了。」

第二次諮詢，他說自己的症狀有減輕。我有點得意。結果，他說他從網路上學到了「思維阻斷法」，控制住了症狀。我告訴他，「思維阻斷法」治標不治本，就是「飲鴆止渴」。他很無奈地說，他看過很多心理醫生，也查過資料，什麼樣的說法都有，無所適從，不知道該聽誰的。我說，「思維阻斷法」對發病早期、症狀還不是太嚴重的時候可能是有用的，對他這樣的慢性、重型病例往往無效，甚至有反作用。阻斷就是壓抑，越壓抑病情越重。對他來講，釋放才是最有效的。阻斷是堵，釋放是疏。水缸漏水了，可以堵一下；水庫滿了，只能疏。他一下子恍然大悟，他認為我說得很對——他的毛病就是憋出來的。有一段時間，他經常出去玩，登山、飆車、喝酒、一夜情，症狀基本上就沒有了。現在老婆懷孕了，一個人困在店裡，沒時間出去，症狀就嚴重起來了。

我抓住時機，提出我的諮詢目標：近期目標是透過運動健身，釋放壓力，緩解症狀；遠期目標是透過精神分析，查出症狀背後的原因，把它「曝光」。

性病恐懼症是超我對本我的壓制和懲罰。有的人得了性病恐懼症以後，就會潔身自好。而這位來訪者「研究」了性病恐懼症，知道這種恐懼是沒有事實根據的，是自己嚇自己，不但不潔身自好，反而變本加厲，用一夜情來緩解焦慮和恐懼，簡直就是飲鴆止渴。

心理問題的軀體化——心身障礙

心身障礙就是心理問題轉換為身體症狀。心理問題之所以會轉換為身體症狀，是因為它受到壓抑，無法透過語言、行為和情緒表達出來，不得不用身體症狀來表達。病人對自己的身體症狀無能為力，身不由己，身體症狀干擾了正常的活動。嚴格地講，不是身體症狀干擾了正常的活動，而是被壓抑的面具藉助於身體症狀，干擾了正常的活動。

心身障礙分三類：心身反應、心身紊亂、心身疾病。心身反應是一致性的，與心理問題「步調一致」，心情不好的時候身體不適，心情好了，身體症狀消失。這樣的身體症狀是功能性的。心身紊亂是持續性的，與心理問題之間存在「時差」，心理問題「消失」了，身體症狀依然存在。嚴格地講，心理問題沒有消失，而是遭到壓抑，轉換成身體症狀，被身體症狀所取代。心身紊亂也是功能性的。心身疾病是器質性的，由於身體症狀久治不癒，最後發展成器質性病變。

其中，心身紊亂又可分三類：轉換障礙、身體形式障礙、心理生理障礙。轉換障礙是療症的一種，也稱療症性軀體障礙，主要累及顱神經和軀體神經，表現為視覺、聽覺、觸覺和眼球運動、口腔運動、四肢運動的異常。身體形式障礙主要累及內臟神經，表現為「內感不適」和內臟功能失調。心理生理障礙是指失眠、進食障礙和性功能障礙。

失眠是身不由己的。當事人主觀上是想睡覺的，但是，他越想睡越睡不著。這說明他的主導面具想睡，干擾面具不想睡。最後，干擾面具贏了。干擾面具為什麼不想睡呢？一是覺得沒必要，完全可以不睡，或者少睡；二是沒好處，甚至有壞處，例如：有危險，或者做噩夢。

進食障礙包括神經性厭食、神經性貪食和神經性嘔吐。病人無緣由地吃不下飯，或者暴飲暴食，或者嘔吐，表示病人的進食行為被某個潛在的面具所控制，主導面具對它無能為力。潛在的面具可能有兩個：一個想胖，所以暴飲暴食；一個想瘦，所以厭食，或者嘔吐。

性功能障礙有很多種，有些是性欲減退，有些性欲正常，但實施過程出現問題，後者屬於干擾的範疇。主觀上是想進行性活動的，有欲望，有性衝動，但是，一股無形的力量妨礙了性活動的進行。心有餘而力不足，身不由己。

性功能障礙

他們是相親認識的，交往了三個月就結婚了，過了一年還沒懷孕。雙方父母著急了，建議他們去醫院看看，他們才說出原委，原來男方有性功能障礙。

他們的第一次性生活是在婚後一個星期，婚事忙完了，準備「做人」，結果失敗了。接下來發生了一些事情，「做人」計畫就被擱置了。過了三個月，他們重新嘗試了一下，還是失敗。從那以後，他產生了恐懼心理，不敢再嘗試。老婆偶爾向他暗示，他就裝聾作啞。老婆實在忍不住，不顧害羞，跟他明說，他迴避不了，只好硬著頭皮上，結果還是失敗。於是，老婆建議他去看醫生，而他找各種理由推託。現在雙方父母介入，他推託不掉了。先去看泌尿科，做了檢查，沒有問題，醫生建議他去做心理諮詢。

我問他平時有沒有性衝動，他說有。我問他怎麼解決，他說自慰。我問他多久一次，他說兩三天。我再問，他把我打斷，說他知道問題在哪裡。他老婆長得像男人，沒有胸，屁股只有一點大，皮膚粗糙，一看就沒了性欲。她平時穿內衣，隔著衣服看起來還蠻挺的；她的手很粗糙，他以為是做家務的關係；她的臉經常做保養、美容，用的化妝品很高級，所以外表還可以。我問他，談戀愛的時候有沒有性衝動。他說有的。我心想，第一次做愛的時候她真不應該把衣服脫光，更不應該開著燈。再一想，覺得不對。既然有性衝動，為什麼不做呢？他說她很保守，而他衝動也不是很強烈。那就奇怪了，他怎麼會和她結婚？他說，她人很好，脾氣好，很賢慧，又很能幹，對他好，很會照顧他，很順從他，從各個方面講都是一個很好的老婆，除了性。

主導面具想睡，干擾面具不想睡。

他跟幾個關係非常好的朋友講過這件事，他們都說他太追求完美，還說他太自私、不負責任、不包容。人無完人，夫妻應該互相包容。娶到這樣的老婆是他的福氣，不要身在福中不知福。

我問他怎麼看待朋友的話。如果有一個朋友說：「性是最重要的，其他方面過得去就行。」他又會怎麼想？他說：「朋友講得很對，人品最重要，其他都可以包容和適應。」我問：「她家條件怎麼樣？」他說：「非常好。」

我想，該跟他討論諮詢目標了。我說，遇到這種情況，通常有兩種解決的方法，一是離婚，二是治療性功能障礙。我問他選擇哪一個，他說，他沒有性功能障礙。他找過別人，性功能完全正常。但是，他也不想離婚，一是她其他方面都很好，二是雙方父母不會同意。我說，離婚是他們兩個人的事，必須兩個人先商量好，然後告訴父母，或者不告訴父母。自己都沒商量好，就告訴父母，他們當然不會同意。

我告訴他，不管離不離，他都應該跟老婆好好談一談他們之間存在的問題，也許她比他更苦惱。談好了，如果不離，可以一起過來做治療，治療需要兩個人配合。如果談不起來，也可以過來做婚姻諮詢，婚姻諮詢也需要兩個人一起來。

送走了他，我想起羅洛・梅（Rolo May），他在《愛與意志》（*Love & Will*）一書中對現代性治療進行了尖銳的批評，認為性治療把「愛」降級為「性」，用提高性技巧來解決愛的缺失。

他說，性功能障礙本身不是病，愛的缺失才是病。由於「自知力缺乏」，當愛缺失的時候，人們卻不知道哪裡出了問題。與無知的頭腦形成鮮明對比，生殖器倒有先見之明，它辭職不幹了，「罷工」了！而更不幸的是，性治療師和病人一樣無知，不去查明問題的根源，以為是生殖器發生了故障，企圖透過向病人傳授性技巧來促使生殖器，恢復「工作」。

PART 7

所有的人際互動
都是面具互動

投射

投射就是把面具使用在別人身上，這是面具的一種用途。如果對方恰好就是這樣的人，或者正在使用這個面具，那就叫「識別」；如果對方不是這樣的人，使用的不是這個面具，那就叫「錯覺」；有時候，身邊根本沒有人，而面具又非常強大，就會投射到物體、影子或者空氣中，從而產生「幻覺」。

錯覺和幻覺的產生是因為面具的能量太大，而能量太大有兩方面的原因。一是面具用得太多，形成習慣。例如，在醫生的眼裡，所有的人都是病人；在法官的眼裡，所有的人都是罪犯。二是面具長期受到壓抑，能量不斷積聚。面具之所以長期受到壓抑，是因為當事人不接納它，不認可它。作為精神分析的術語，「投射」一詞有廣義和狹義之分。狹義的投射僅指把自己不接納的東西外化；廣義的投射泛指各種外化，不管自己接納還是不接納。

什麼是人格面具：所有的人際互動都是面具互動。我們把一個面具投射到別人身上，以為對方就是那樣的人，然後與之互動。看起來是跟另外一個人互動，其實是跟自己的一個客體面具互動。這是一場自編自演的戲，腳本來自內

心。如果對方剛好就是那樣的人，與投射出去的面具相符，則皆大歡喜。即使如此，這也不是兩個人的互動，而是兩個人各自跟自己的客體面具互動。如果對方不是那樣的人，與投射出去的面具不符，戲就會演砸。雖然演砸了，但演戲的人自己可能還渾然不知。

幻覺是壓抑的延伸

感覺和知覺是人腦對客觀事物的反應。沒有客觀事物，卻聽到或看到一些東西，就叫「幻覺」。它顯然是由心而生的，是心理內容向外投射的結果。但是，當事人往往不承認它是自己的心理內容，排斥它，拒絕它。所以，幻覺是壓抑的延伸。幻覺屬於精神病性症狀，是嚴重心理障礙的表現。它嚴重歪曲事實，使心理活動與客觀事物脫節。但是，並非所有的幻覺都是精神病的表現。**人在極度疲勞或恐慌狀態下，也會出現幻覺，只是幻覺不那麼逼真，彷彿做夢一樣。有的人在入睡和覺醒的過程中也會出現幻覺，這種情況也叫「夢樣狀**

態」（Oneiroidstate）。

納許的三個人格面具

電影《美麗境界》的主角納許有三個幻覺：室友、國防部官員、小女孩。這三個幻覺就是他的三個人格面具。

納許性格古怪，和同學格格不入，經常被同學恥笑，所以非常孤僻。一個人表面越孤僻，內心越渴望交往。納許的交往意願幻化為室友查理斯。這個查理斯具有其他同學的全部特徵，外向、開朗、隨和、自信、機靈，還有點放縱。和其他同學不同，他是納許的室友，他們住在一起，關係比較密切，有交流。雖然他們意見常常不同，但是相互之間還是有影響的。特別是納許心情不好的時候，查理斯阻止了他從樓上跳下去。

納許很自卑。一個人表面越自卑，內心越自負。納許的自負幻化為國防部官員帕切爾。他身負防禦蘇聯人入侵、保護美國人安全的重任，是國家的拯救

幻覺是心理內容向外投射的結果。

者和保護神。納許祕密地為他工作，結果把自己的工作和生活搞得一團糟。跟拯救者面具相對，通常都會有一個迫害者面具。這個迫害者面具被投射給了蘇聯人。因為有迫害者，所以需要拯救者。如果沒有迫害者，拯救者就無用武之地，所以拯救者需要迫害者。冷戰時期，絕大多數美國公民都有拯救者面具。都把迫害者面具投射給蘇聯人。納許的拯救者面具和迫害者面具與時代同步，產生共鳴。

那麼，小女孩是誰呢？申荷永教授認為，她是納許的「阿尼瑪」。納許心態幼稚，心理年齡偏小，所以他的阿尼瑪是一個小女孩。納許只適合跟這麼大的女孩交往，對同齡女性他根本招架不住。我對這個說法不太贊同。

阿尼瑪是不受個體年齡影響的。雖然阿尼瑪的形象因人而異，但都是成人。榮格把阿尼瑪分為四型：夏娃、海倫、索菲亞、瑪麗亞，沒有小孩。電影中確實出現了「阿尼瑪」，但不是小女孩瑪休，而是納許的妻子艾麗莎。她的美麗、大方、溫柔、善良、睿智、堅忍，與「阿尼瑪」完全吻合。尤其是她的愛，成了治癒納許的唯一力量。幻覺和現實沒有本質的差別，都是人格面具的投射，只是前者投錯了對象，後者投對了。查理斯和帕切爾投在了空氣中，迫害者投給了蘇聯人，「阿尼瑪」投給了艾麗莎。

瑪休雖然漂亮，而且乾淨，但是她的眼神空洞，表情詭異，顯得不太友好，也不親切。每當她出場的時候，我都會有一種「預感」：她會突然變成吸血鬼！她肯定是一個缺愛的孩子，她渴望關愛，又對別人有些失望。所以，當納許決定不理她的時候，她只是睜大眼睛看著，楚楚可憐。

她是納許的另一個人格面具，一個「內在的小孩」，缺愛的孩子。當「阿尼瑪」出現的時候，她嗅到了愛的氣息，所以出來索愛了。

鬼是壓抑的面具投射到空氣中的結果

世上本無鬼，鬼是壓抑的面具投射到空氣中的結果。它之所以被壓抑，是因為自己不認可。為什麼不認可？因為它是「不好的」，人們對於不好的東西總是排斥的。排斥的表現主要有兩種：一是把它銷毀掉；二是自己躲開，相應的情緒是憤怒和恐懼。面具是銷毀不掉的。有時候人們以為已經把它銷毀了，其實只是把它壓抑了。它還在那裡，一不小心又冒了出來。一旦明白它是銷毀不掉的，也就只能躲避了。所以，絕大多數人「遇到」鬼都會採取逃避的方式，並且感到恐懼。有人把鬼分為死神、惡魔、吊死鬼、溺死鬼、吸血鬼、厲鬼、怨鬼、骷髏、白衣女鬼、色鬼等。**從人格面具的角度看，只有兩類：一類是「迫害鬼」，一類是「受害鬼」**。

傷害過我們的人就是迫害者，內化之後形成迫害者面具。因為排斥，我們會壓抑它。它可能會在夢中出現，如果在清醒的時候出現，就會被當成鬼。至於什麼是傷害，每個人的理解是不一樣的。對於有些人來說，嚴厲的父母、老師、主管、警員，可怕的動物，自然災害，各種銳器，都是迫害者，或者懲罰者。

被我們傷害過的人也很容易被內化，形成受害者面具。這樣的面具肯定會對

我們有怨恨，因而伺機報復。傳統觀念認為，如果我們傷害了別人，我們的良心會自我懲罰，讓我們感到不安。其實，不需要良心出手，受害鬼就會從內部報復我們，攻擊我們，或者嚇唬我們。這樣的鬼「看起來」不像兇神惡煞，而是四肢不全、遍體鱗傷、血跡斑斑的受害者。俗話說：「生平不做虧心事，半夜不怕鬼敲門。」從來沒有傷害過別人的人，是不會遇到受害鬼的。

如影隨形的鬼

她非常怕鬼。我問鬼長什麼樣。她說黑頭發、黑衣服。我請她閉上眼睛，集中注意力去想像。她說，她看到鬼站在床邊，而她躺在床上。她感到非常害怕，全身緊張，毛骨悚然。我請她深呼吸，放輕鬆。然後建議她慢慢坐起來，她說她不敢，怕驚動鬼，它會撲上來。我讓她慢慢地、靜悄悄地坐起來，不要驚動鬼。她坐起來了，跟鬼面對面，非常害怕。我讓她放鬆自己，仔細觀察，看它長什麼模樣。她說它的臉是一個骷髏，非常可怕。我請她繼續放鬆，並且對鬼笑。她說鬼也笑了，不那麼可怕了，並且坐了下來，跟她面對面，她又害怕起來。它的臉開始變化，變成一個女人，白白的臉，大大的眼睛。我請她問它是誰，來做什麼。她說，鬼是她的前身，想來吃她。我問為什麼吃她。她說，她太弱，不符合它的要求，所以想把她吃掉，重新投胎。我問她願意重新投胎，再重塑一個新的自己嗎。她說願意。我問：「那你願意被鬼吃掉嗎？」她說願意。我請她對鬼說。她說了，結果鬼轉身走了。

很顯然地，鬼是她的一個人格面具。這個面具不喜歡另一個面具，那是一個十歲的小女孩。小女孩寄養在親戚家，雖然他們對她不錯，但她一直沒有歸屬感。結了婚以後跟爺爺奶奶住，仍然沒有歸屬感。她總是討好別人，不敢跟任何人對抗，內心卻有許多不滿。她想法悲觀，凡事都往壞處想，所以什麼都怕，整天惶惶不安。她很不喜歡自己，一直在努力改變，但效果甚微。

今天終於弄清楚了，她不是怕別的，而是怕那個不喜歡自己、老想改變自己的面具。小女孩害怕這個面具，所以把它想像成鬼。

人都怕鬼，鬼其實就是恐懼情緒的投射。如果不怕了，鬼也就沒了。越怕鬼，鬼越喜歡捉弄她，騷擾她，嚇唬她。當她對著鬼笑時，鬼也變得友好了。當她說「你吃了我吧」時，鬼就轉身走了。現在，她知道鬼是來幫她重塑自己的，吃了她是為了讓她重新投胎，她就更不用怕了。我給她出了一個家庭作業：每天跟鬼對話，必要的時候跟鬼手牽手一起跳舞，直到抱在一起，合而為一。

接納這個鬼並不難，難的是讓鬼接納小女孩。多年以來，她一直想改變自己，戴著「來訪者面具」到處尋求心理幫助，想讓小女孩長大，不要怕這個怕那個。而小女孩最怕的不是別的，正是「來訪者面具」，就是夢中的鬼。

鬼不僅僅是「來訪者面具」，也是諮詢師。諮詢師和來訪者在同一條戰線上，共同對付和塑造怕鬼的小女孩。

自編自導的假性互動

在很多情況下，我們以為自己在和某個真實的人互動，實際上是在和自己的面具互動。我們把某個面具戴到別人臉上，以為對方就是那樣的人，然後和他互動。其實，對方根本不是那樣的人，他已經被我們扭曲了。這種現象在戀愛過程中非常普遍，很多人並不是愛上對方，而是愛上心中的白馬王子或白雪公主，對方只是提供了一個螢幕或舞台，自己在那裡自編自演。最經典的是茨威格小說《一個陌生女人的來信》中的女主角，她深愛著作家，為他做了很多事，吃了很多苦，而他什麼都不知道。

社交恐懼症病人都很在乎別人的評價。人是社會的動物，在乎別人的評價，想給別人留下好印象，也很正常。問題是，社交恐懼症病人所說的「別人」常常並不存在，也沒有評價，一切都是他們自己臆想出來的。所謂「別人」其實是自己的一個面具，它被投射給了別人。他們總以為別人認為自己表現不好，對自己不滿意，看不起自己。

「別人面具」肯定是別人的內化，通常情況下是生活中的某個重要人物，例如父母、老師、朋友。因為是重要人物，所以他們的評價就有很重的分量。

如果是正向評價，當事人就會很高興；如果是負向評價，當事人就會很受挫。「別人面具」一旦形成，就會泛化，泛指所有的別人。

心靈感應

他是從外地到此工作的上班族，三十多歲了，還是單身。他的問題是容易緊張，一緊張就流汗，一出汗就更緊張，六神無主，魂飛魄散，只能逃離，恨不得找個洞鑽進去。

他最怕跟別人一起吃飯，因為吃飯的時候比較容易流汗。他平時吃飯總是一個人，甚至不敢去餐廳。如果非去餐廳不可，他會選擇人少的時候。他經常吃到一半，發現有人看他，他就不吃了。

我說：「流汗有什麼關係啊？」他說：「你動不動就流汗，別人會怎麼想？」我問：「別人怎麼想？」他說：「絕對認為你有毛病。」我問：「你怎麼知道別人認為你有毛病？」他說：「絕對。」

有一次，他和同鄉聚餐，很多人抽菸，屋裡烏煙瘴氣的，他感到頭暈，一下子緊張起來。他擔心被別人看出來，假裝去上廁所，在廁所裡拚命讓自己放鬆下來。當他回到屋裡時，發現別人用異樣的眼光看他。他感到無地自容。自此，他就很少跟同鄉聯絡。

他做過心理諮詢，效果不好，後來打聽到我，慕名而來。別的諮詢師叫他怕什麼就做什麼，他怎麼也做不到。我說，我的方法也是怕什麼就做什麼，但首先必須弄清楚他到底怕什麼。他說，他怕別人認為他有毛病。我說：「你就是有毛病啊，有毛病又怎樣？」他說：「被人看不起。」我問：「看不起又怎麼樣？」他說：「那活著還有什麼意思。」

對他來說，他人的評價比吃喝玩樂更重要。如果被人看不起，活著就沒意思了，再怎麼吃喝玩樂也無濟於事。我對他說，他是一個高尚的人，一個脫離了低級趣味的人，境界比我高多了。他說他從小受到的就是這樣的教育。我很想把他變成庸俗一點的人，但又不忍心掏空他的價值觀，只能跟他討論他人是怎麼評價他的。我讓他列出什麼樣的人才能得到好的評價，他現在得到的是什麼評價，當他流汗的時候得到的又是什麼評價。他說，事業有成，有很多錢，有房子，有老婆，有孩子，孝敬父母，才能得到好的評價；他現在什麼也沒有，評價肯定是不好的；而緊張的時候，他那個窘樣，就會被人看不起。

我反覆向他求證，別人是怎麼看不起他的，他是怎麼知道別人看不起他的，有什麼證據。他總是無法提供確鑿的證據，這說明，不是別人看不起他，而是「內在的他人」，亦即他的「別人面具」看不起他。

我告訴他，我一點也沒看出他有什麼不正常。他說，他在我面前不緊張，所以我看不出來。我建議他向身邊的人調查一下。他說他不敢，這樣做太可笑了，萬一別人說看出來了，那就太沒面子了。在我的再三鼓動下，他調查了三個人。結果，他們都說看不出來。我很得意地對他說：「你看，是你多心吧。」他說，他們是給他面子才這麼說的，根本不是事實。

社交恐懼症病人寧可相信自己的感覺，也不相信別人的回饋。對他來說，感覺就是事實，別人的話反而不一定是事實。他以為自己有特異功能，能夠透過別人的眼神、表情、動作，讀出別人的思想。其實，他讀出的不是別人的思想，而是「他人面具」的思想。他人面具和他共用一個身體，所以才有「心靈感應」。因為共用一個身體，「他人面具」也能「洞悉」他的內心活動。當他感到緊張，產生某種「不好」的想法時，「他人面具」就知道了。他把「他人面具」投射給別人，以為別人都知道了，因而感到無地自容。

女人的直覺很準嗎？——強大的投射性認同

人與人之間的交往或互動，其實是面具互動。我們把一個面具投射到別人的身上，認定他就是這樣的人。如果他的表現與面具相同，那麼，和面具交往就相當於和真實的人交往；如果他的表現與面具不同，但相差不大，我們會忽視差別，把他當作與面具相同的人來交往；如果他的表現與面具相差很大，就會導致面具錯位，兩個人不在一個頻道上，互動不起來。遇到這種情況，有兩種解決的辦法，一是換一個與他相符的面具，二是堅持不懈，迫使對方改換面具。具體採用哪一種，要視兩個人的「心理能量」和「適應能力」而定。誰心理能量弱、適應能力強，誰換面具。心理能量強的人容易影響別人，而不容易被別人影響，遇到面具錯位，他依舊我行我素，別人拿他沒辦法，只能「被迫」調換面具適應他。精神分析稱之為「投射性認同」，其實就是「期望效應」。

他愛的還是她

相愛七年，出現溝通障礙，為了窺探他的內心想法，她以「陌生女子」的身分與他網聊，結果，他愛上了這個「陌生女子」。她寫了一篇《一場啼笑皆非的遊戲》，發表在媒體上。媒體編輯請我來評價。

她為什麼要窺探他的內心想法？她想窺探他的什麼想法？我猜想她一定能夠說出一大堆理由。而我認為，最根本的原因是她懷疑他不愛她了，擔心他會愛上別人。結果，遊戲證實了她的懷疑和擔心。

一種懷疑或擔心，如果被證實，就叫直覺；如果被證偽，就叫猜忌或疑心。有的人說自己直覺很準，我不相信。有些所謂的直覺，其實是猜忌，因為很強烈而使人捕風捉影，最終導致判斷失誤，向猜忌的方向偏移。另外，一個人如果把猜忌當成直覺投射給別人，對方可能會被投射性認同，最終做出符合猜忌的事情。一個人如果「直覺很準」，只能證明他有很強的投射性認同，氣場很強，很容易影響別人，使別人接招。

投射性認同到底是透過什麼方式產生作用的？一般認為主要是透過暗示。一個人有了疑心，就會自我暗示，最後疑心變成信念。當一個人堅信某人是什麼樣的人時，就會向對方發出暗示，對方接受了暗示，以為自己是這樣的人，最後真的變成了這樣的人。

除了暗示，有的人還用「明示」，就是直接告訴對方，他是什麼樣的人，他會做出什麼樣的事。反覆講，這些話進了對方的腦中，對對方「洗腦」或「催眼」，就會直接影響他的行為。

還有一種方式，就是設下圈套，引誘對方上鉤，文中的她就是這樣做的。她化身為「陌生女子」，主動找他聊天，關心他，理解他，投其所好，他很快就上鉤了。她本來就是他的妻子，對他瞭若指掌，想投其所好非常容易。接著，她分別以真名和「陌生女子」的身分同時跟他聊天，「測試一下」他會不會欺騙自己，結果，他不但欺騙了她，還在「陌生女子」面前詆毀她。

我最後這樣評價：其實，「陌生女子」就是她自己。「陌生女子」是她人格的一部分，是她的一個人格面具。當年，很可能就是這個面具吸引了他，才會有七年的戀情。但是，在殘酷的現實面前，這個面具漸漸退居幕後。於是，他發現她不再那麼可愛了。他們的關係漸漸冷淡，溝通越來越困難，最後變成互相折磨，雙方都難以忍受。於是，她的棄嬰面具被啟動。她擔心他移情別戀，認定他會移情別戀，甚至「希望」他移情別戀。為了證明他會移情別戀，她化名「陌生女子」引他上鉤。然而，在虛擬空間裡，這個人格面具出現在他眼前，重新激起了他的熱情。這表示，其實他愛的仍然是她。

用進廢退的面具——面具轉移

假設有一個人，他有一個懶人面具，如果遇到一個比他更懶的人，他的懶人面具會轉移到對方身上，自己變得勤快起來。他彷彿找到了一個替身，把自己的懶人面具「出讓」給對方。有一次上課，一位學員說他本來很喜歡攝影，平時出去玩，總是主動擔任攝影師的角色。後來認識了一個新朋友，也很喜歡攝影，而且攝影功力比他高。從那以後，他就很討厭攝影了。有一位女學員，自己被人欺負的時候只會自認倒楣，如果看到別人被欺負，她就會打抱不平。這是因為，自己被人欺負的時候，她的「被欺負者面具」被啟動；別人被人欺負的時候，她的「被欺負者面具」投射給了別人，自己變成了「俠女」。電影《金陵十三釵》裡的約翰是一個「小人」，當他遇到比他更壞的人（日本兵）時，他的壞人面具沒了，一下子變成了「聖人」（神父）。

福爾摩斯和莫里亞蒂

福爾摩斯聰明絕頂，而他身邊的人都傻乎乎，包括華生和警長。這是因為他把「傻子面具」轉移給了別人，使自己的「聰明人面具」得到強化。福爾摩斯正義感極強，他的對手都是十惡不赦的罪犯。這是因為他把壞人面具轉移給了別人，使好人面具得到強化。在他的對手中，莫里亞蒂教授堪稱一絕。他的聰明才智不亞於福爾摩斯，而他的邪惡與福爾摩斯的正義形成鮮明的對比。他們真是一對冤家。他們鬥過好多回合，都不分勝負，最後在打鬥的過程中雙雙墜入深淵，「同歸於盡」。

當一個面具被投射出去之後，這個面具的能量就得到了釋放，基本上沒有「能力」再擔任主導面具了，這個面具彷彿在人格結構中消失了。這種現象，與其說投射，還不如說「投送」，送給了別人，自己就沒有了。投射是複製，投送是交換。投射是分享，投送是饋贈。對方接受了饋贈，就成了「我的替身」或「另我」（另一個自我）。

「冤家對頭」一詞常常被用來形容矛盾性依戀，兩個人關係很密切，又衝突不斷。兩個人關係近了，難免會發生衝突，所以關係密切的人都是冤家。福爾摩斯和華生是冤家，神探亨特和他的女搭檔麥考爾也是冤家。

冤家對頭有時候不是兩個人，而是一組人，例如：唐僧師徒。有人說，唐僧代表超我，孫悟空代表自我，豬八戒代表本我，三個人合在一起才是一個完整的人。也有人說，豬八戒代表生理的需要，沙僧代表安全的需要，白龍馬代表歸屬和愛的需要，唐僧代表尊重的需要，孫悟空代表自我實現的需要，五個人合在一起才是完整的人。這已經不是轉移，而是「瓜分」了。

在日常生活中，轉移非常普遍，家庭治療稱之為「互補作用」。在家庭裡，一個人越強，另一個人越弱；一個人越勤快，另一個人越懶；一個人要管，另一個人就不服管；一個人追，另一個人則逃。

PART 8

面具≠假面具

面具本來沒有真假。但是，很多人一聽到「面具」這個詞，就聯想到「假面具」，並且認定面具背後還有一個「真我」。其實，所有的面具都是真我。**真我即人格，就是由各個面具構成的。如果把所有的面具都去掉，剩下來的並不是真我，而是陰影，即人的動物性。**

但是，很多人告訴我，他們確實有「假面具」。例如，在某些場合，他們必須使用某個面具，而內心並不認可這個面具，覺得自己很假，彷彿在演戲，毫無感情地唸著台詞，說的都是違心之論。這樣看來，面具是有真假的。自己認可的，與人格統一的，就是真面具；自己不認可的，與人格不統一的，就是假面具。換句話說，真面具就是整合的面具，假面具就是分裂的面具。

虛假與分裂略有不同。分裂的面具通常都會受到壓抑，而虛假的面具總是出現在前台；分裂的面具往往是社會所不認可的，而虛假的面具恰恰是社會所宣導的。

細究起來，假面具有兩種。一種是自己完全不認可的，所以與人格統一不起來，一直處於分裂狀態；一種是自己認可的，但還沒與人格統一起來，仍然處於分裂狀態。前者自己覺得假，事實上也是假的；後者自己不覺得假，事實上卻是假的。前者通常是有意識的、非自願的，後者則是無意識的、自願的。前者叫偽裝，後者叫表演。

假作真時真亦假——偽裝者的面具

一名間諜打入敵方陣營，偽裝成敵方的一名軍官，一舉一動都很像敵方軍官，一言一行都很反抗。敵方軍官顯然是他的一個重要面具，使用頻率比主導面具還高。但是，他知道它不是他的主導面具，而是一個「假面具」，儘管他天天用它，但不認可它。

許多人為了適應環境，也跟間諜一樣，「被迫」使用自己不喜歡的面具。年輕人剛剛踏進社會，往往充滿理想和抱負，對社會上的不良風氣很看不慣的。但是，為了生存，他不得不順應環境，戴上假面具。開始的時候覺得很累，必

假作真時真亦假。

須時不時地拿下假面具，讓自己喘一口氣。時間長了，他就習慣了，假面具變成了真面具，甚至變成了主導面具。這就是社會適應，從服從、依從，到認同。

假作真時真亦假。當假面具變成真面具，真面具可能會相應地變成假面具，於是人們以為自己終於找到了真正的自我，而與渾渾噩噩的過去徹底告別。這也是面具分裂。最不幸的是，有些人否定了舊的面具，又不認可新的面具，兩個面具都是假的，結果就搞不清楚自己是誰。許多雙重間諜都有這樣的尷尬。

大多數人既認可舊面具，也認可新面具。雖然主導面具和人格發生了變化，但前後是連貫的，這就叫成長。成長就是面具的整合，新舊統一，喜新而不厭舊。

痛苦的適應

她大學畢業分配到某機關工作，所在的部門比較特別，大部分都是男性，只有兩三個女性，她在那裡非常不適應。她經常做噩夢，夢見自己一絲不掛，許多雙眼睛盯著她，令她無地自容。

她很不喜歡自己的同事。白天上班的時候，主管們總是擺著一副冷面孔，說話全是命令的口氣，上班族們總是戰戰兢兢、唯唯諾諾，一副奴才相，氣氛非常差。到了晚上，總是有許多應酬，男人們一喝酒，就變得非常瘋狂。她和其他女同事經常會被叫去作陪。她總是能推則推，但是，為了「生存」，有些飯局是不能推的。她不敢喝酒，別人勸酒，她都要想盡一切辦法予以抵擋，同時又不能掃了主管的興。她覺得很累。她還發現，和男人交往的分寸很難把握，稍微冷淡一點就會遭到排斥，稍微熱情一點就會受到騷擾。她想換工作，但又捨不得，因為一直找不到更好的工作。她想找個人嫁了，但又沒有合適的人。

不久，她開始掉頭髮。她去看病，醫生說她心病了，就把她轉介給一位身心科醫生。做了幾次心理諮詢，她喜歡上了心理學。她參加了心理諮詢師培訓，考取了心理諮詢師職業資格證書。接著，她找我督導。

她是一個很有悟性的人，透過幾個夢和自由聯想，很快就發現了伊底帕斯情結。她用伊底帕斯情結解釋所有的困擾，結果，噩夢不做了，她也學會了應對性騷擾和與同事相處。

她有一個「上班族」面具，它是在上班之後「被迫」形成的。這個面具相對比較容易把握，它有明文規定，只要按規定行事，就是一個合格的上班族。但是，這個面具與她的個性不符，與她所接受的教育背道而馳，所以她不接納這個面具。她整天「昧著良心」，違背自己的意願，做著違心的事，說著違心的話，與自己所討厭的人同流合汙。別人勸她不要過於認真，就當逢場作戲。但是，她沒法逢場作戲，因為逢場作戲不符合她做人的原則。她不接納這個面具，還有一個原因：除了明文規定，還有一些「潛規則」。她討厭這些「潛規則」，她覺得這個面具本身就是兩面派：一面道貌岸然，一面男盜女娼。

學了心理學，她明白了，自己看問題太簡單化，非白即黑，應該用辯證的眼光看問題。自己的許多觀點是小時候形成的，與童年經歷有關，也許適合那個年齡，但是現在長大了，所面對的是一個完全不同的世界。應該立足於現實，「活在當下」。更重要的是，**面具只是人與環境之間的一座橋樑，它不等於人格，只是人格的一個部分。**而且面具沒有好壞，只有合不合時宜。於是，她接納了這個面具。

每個人心裡都住著一個演員

卡爾．羅傑斯（Carl Ransom Rogers）把自我分為現實我和理想我兩個部分。**人有自我實現的傾向，不斷地從現實我邁向理想我，理想我起著引領方向的作用。**但是，如果理想我與現實我差距太大，一時難以實現，有的人可能會投機取巧——用理想我來偽裝自己，讓別人以為他已經達到了理想我的境界。

時間長了，他自己可能也會這樣認為。和假面具不同，理想我是自己認可的，所以自己不覺得假。但是，它與其他面具或整個人格還是分裂的，別人會覺得假。他們的表演往往比較誇張，不真實，有點像漫畫，抽象、空洞、過分準確、太完美，也可以說是「假、大、空」。

表演性人格障礙，簡稱「表演人格」，舊稱歇斯底里或戲劇性人格障礙，其特點就是表演性。病人喜歡表演，演什麼像什麼，甚至演自己，最後弄不清楚自己是誰。

一個女人三台戲

結婚五年，她一而再、再而三地自殺，每次都被救了回來。她擔心自己還會自殺，擔心下一次救不回來，所以過來諮詢。

她很漂亮，很時尚，氣質不凡，表情和動作有些誇張。我以為她是演員。她說她是白領，研究生畢業，在一個非常吃香的部門擔任非常重要的職務。我還是覺得她像演員。看來，「演員」是她的一個面具，很可能還是主導面具。

我詢問了她和老公的關係。她說，剛到這裡的時候人生地不熟，他對她很照顧，她就和他同居了。家人知道後竭力反對。正因為家人反對，她才鐵了心要嫁給他，因為父母對她不好，從來不關心她，一直忽視她。

在別人看來，他們很不相配。他是工人，沒讀什麼書，家境也不好。她嫁給他，部分原因是「想向別人證明自己不是勢利的人」。她自殺是因為他不關心她，應酬太多，經常半夜兩三點才回家，她一個人不敢睡。現在，老公對她好多了，每天晚上都早早地回家陪她。但是，她又覺得自己不配得到老公的關愛，希望他不要對她這麼好。

我聽得一頭霧水。猜想她不止一個演員面具，至少有三個：一個是普通演員，一個是悲劇演員，一個是叛逆的演員。

演員都很在乎別人的評價，總想給人留下一個美好的印象。為了得到別人的好評，她會非常賣力地表現。這個面具通常起源於兒童期，可能與「誇大性自體」有關。一般人到了一定的年齡，就會有自己的評價標準，不再盲目地嘩眾取寵。她的演員面具為什麼沒有退居幕後呢？原來，她長得漂亮，而且能歌善舞，三歲的時候就曾登台表演了，整個兒童期都是在掌聲和讚美聲中度過的。上學以後，由於成績優異，更是受到老師的喜愛。但是，她一直有一個想法，認為周圍的人喜歡她，是因為她表現出眾。如果她表現不那麼好了，別人就會不喜歡她。所以，她自我要求很高，追求完美，愛表現，喜歡引人注目。身邊的人都說她具有演員的特質，也有人說她「假」。她自己偶爾也會覺得累，但是已經習慣了，想改都改不過來了。

一般說來，有一個過分誇大的面具，就會有一個自我貶低的面具，好表現可能是為了掩飾自卑。多數情況下，誇大的面具表現在外，自我貶低的面具退居幕後，只有自己知道，別人是看不出來的。也有的人，自我貶低的面具隱藏得很深，連自己都不知道有這樣一個面具。她很特別，自我貶低的面具與誇大的面具並存，表現為時不時地發生「表現失利」，例如：表演失利、考試失利。所以，她常常經歷「大起大落」，有時候比賽能得頭等獎，有時候徹底怯場；有時候考試能考滿分，有時候不及格；大部分時間是優秀學生，有時候會變成問題孩子；大部分時間人緣很好，同時又經常得罪人或被別人得罪。她相信物極必反，所以從來不讓自己過分開心，甚至經常故意把自己弄得很慘，然後等著時來運轉。

她認為自己是一個苦命人，不配過幸福的生活。所以，她選擇了這個老公，自己則變成了悲劇演員。說她是悲劇演員，而不說她是悲劇人物，是因為她的悲慘命運也帶有表演性質。

這個面具是怎麼來的？她說，父母對她不好，從來不關注她，一直忽視她。她有兩個姐姐一個妹妹，母親偏愛姐姐，父親偏愛妹妹，她卻沒人疼，儘管她最優秀。聽說父母曾經把她送人，她一直覺得自己是一個多餘的人。

從初中開始，她就有自殺的念頭。高二的時候第一次自殺，從那以後，家人才開始關心她。但是，她認為他們不是真的關心她，只是怕她想不開，才應付著她。所以，她漸漸疏遠他們，經常故意跟他們作對。看著他們生氣、傷心或擔憂的樣子，她很開心。她變成了叛逆的演員，喜歡跟「導演」作對。

諮詢過程中，三個演員面具常常輪流出場，你一言我一語，讓人搞不清是誰在說話。例如，當我問她諮詢目標是什麼時，她說不知道。我問她：「難道不是消除自殺念頭、停止自殺行動嗎？」她說，自殺是一種解脫，也是她的宿命。這顯然是「悲劇演員」說的。我問她：「想解脫什麼？」她說，老公對她太好了，自己承受不起。這是「普通演員」和「悲劇演員」一起說的。我說，那就叫老公別對她這麼好。她說，不行。這是叛逆的演員說的。

分裂的心與身——面具混亂

偽裝和表演到一定的程度，就會導致混亂。當事人不知道自己是誰了，不知道什麼是真，什麼是假。

人是由精神和肉體或心和身兩個方面構成的。關於兩者的關系，歷史上一直存在著一元論和二元論之爭。一元論認為兩者是一個東西，二元論認為兩者是兩個東西。一元論又有唯物論和唯心論的區別。唯物論認為身是本、心是末，先有身、後有心，身是第一性、心是第二性；唯心論則認為心是本、身是末，先有心、後有身，心是第一性、身是第二性。二元論主要有笛卡兒的交感論和萊布尼茲的平行論。笛卡兒認為，心和身是兩個東西，但是互相有聯繫，互相影響，保持協調；萊布尼茲認為心和身沒有任何關聯，各自按一定的程式運行，由於程式相同，因而互相「平行」，就像兩隻精確的時鐘，總是報出相同的時間。

除了平行論之外，一元論和交感論都認為心和身是統一或一致的，萊恩把這種情況稱為「身體化」。身體化的心或「自我」與身保持一致，當身受到刺激的時候，心就會有相應的感受；當心有所動的時候，身就會有相應的反應。這樣的心是活的，身也是活的。

但是，思覺失調症病人的心和身是分裂的，萊恩稱之為「非身體化」。他認為判斷一個人精神是否正常，有三個標準：自我是否統一；與環境是否協調；人格是否穩定。心、身分裂是自我不統一的一種表現。從這個意義上講，萊恩抓住了精神病的本質。

非身體化的心置身事外，遠遠地看著身。當身受到刺激的時候，心沒有感覺；當心有所動的時候，身沒有反應。這種體驗類似於「靈魂出竅」，或「人格解體」。這個時候，身體變成了機器，雖然沒有生命，但能正常運行，俗稱「行屍走肉」，類似於僵屍或機器人。

那麼，為什麼會出現心、身分裂呢？萊恩認為是由於生存性不安。當一個人遇到危險的時候，本能的反應是逃跑。如果身體逃不了，就只能「精神逃避」，例如：動用心理防禦機制，或者直接「靈魂出竅」，出現「情感休克」。很多人都有過短暫性的心、身分裂，如果長期分裂，就離思覺失調症不遠了。萊恩就是這樣解釋思覺失調症的發病機制的，他把「過渡狀態」稱為

「精神分裂性」，以別於思覺失調症。

萊恩認為，身體化和非身體化本身沒有優劣之分，或者說各有優劣。身體化的人活得比較真實，同時也很痛苦，他被困在身體裡，備受生老病死的煎熬；而非身體化的人比較超脫，也容易出現思覺失調。

靈魂出竅

他是一名強迫症患者，所有的強迫症狀一應俱全，窮思竭慮、對立思維、強迫性恐懼、強迫清洗、強迫檢查、強迫手淫、強迫嫖娼、強迫養生，還有強迫性儀式行為。他最喜歡問的問題是：「我這樣做正常嗎？別人是怎麼做的？別人會怎麼看我？」

我說他有一個「他人面具」，「他人」時刻監視他，對他的心理和行為評頭論足。這個「他人」顯然不是一個人，而是許多人，意見常常不一致，令他不知所措，動彈不得。

經過分析，「他人」的來源有：父母、朋友、專家（醫生和營養師）、心理學書籍、網路。他的父親說，男人必須天天做愛，他就強迫自己手淫和強迫嫖娼；母親說，襪子不用天天換，他就強迫自己不換襪子；朋友說他太胖，他就強迫自己減肥；專家說喝牛奶對身體有好處，他就強迫自己喝牛奶；心理學書上說沉默寡言是憂鬱症的表現，他就侃侃而談；網路上說女孩子比較喜歡深沉一些的男人，他就故作深沉。因為受了「他人」的影響，他已經完全失去自我，他的行為很不真實。他做愛不是因為有欲望，而是為了證明自己是男人；他侃侃而談不是因為喜歡侃侃而談，而是怕別人說他腦子有毛病（憂鬱症）。

他為什麼這麼在乎「他人」？可能是自我太弱。他的腦子裡裝滿了「他人」的思想，唯獨沒有自己的思想。如果放棄「他人」的思想，他還真不知道怎麼做。他需要系統地學習知識，並且消化、吸收，變成自己的東西。他把「他人」的思想吸收過來，卻沒有消化，如同一個沒有整理的圖書館，各類書籍堆在一起，雜亂無章。

諮詢到第二十次，他的症狀已經明顯減輕。他開始「放縱」自己，不想那麼多了。但是，他覺得不真實，好像不是自己了。

我說，一個人如果突然脫胎換骨了，當然會覺得不真實，這需要一段時間來適應。

按萊恩的分析，身體和精神本來是一體。當身體受到傷害的時候，精神為了逃避痛苦會暫時離開身體。恍惚一下，這就是人格解體（Peperson cilzation），也叫分離障礙。如果精神回不來，身體和精神就會一直處於分離狀態。精神得不到身體的回饋，只能靠預先設計好的程序行動。這些程式來自「他人」，是從「他人」那裡輸入進來的。

迷戀病人角色——做作型人格障礙

做作型人格障礙又稱「住院癖」、「手術癖」，病人製造一些症狀，誘導醫生讓他住院、吃藥、打針，甚至動手術。這樣做不是逃避責任，不是獲取好處，不是要脅別人，僅僅是為了裝病而裝病，可能是喜歡當病人，迷戀病人角色。有些病人專門裝心理障礙，誇大自己的精神痛苦，對心理諮詢上癮。

十八世紀，德國有一位伯爵，名叫孟喬森，他喜歡裝病，而且裝得非常像，騙過了所有的人。他裝病沒有別的目的，只是想得到別人的關心和照顧。為了達到這個目的，他不惜傷害自己的身體，製造各種症狀。後人把以此為目的而裝病的現象稱為「孟喬森症候群」。

孟喬森症候群不同於自虐。自虐者是從傷害自己而得到快感，孟喬森症候群患者是為了得到別人的關心和照顧而傷害自己。兩者都有可能弄巧成拙，致人死於非命。孟喬森症候群病人有一個強大的「病人面具」，他們喜歡當病人，以便得到別人的關心和照顧。這個面具可能是在某次生病的時候獲得的，因為生病而得到別人的關心和照顧，病人面具受到強化而保留下來。當他需要別人的關心和照顧時，或者說，當別人不夠關心和照顧他時，這個面具就被激發出來了。

還有一種「代理孟喬森症候群」，不是自己裝病，而是讓身邊的人生病，然後予以悉心的照顧。在外人看來，他們是非常有愛心的照顧者。他們很喜歡給別人留下這樣的印象。為了給自己「製造」照顧的對象，他們會故意傷害對方，稍不留神，就會出人命。一般說來，代理孟喬森症候群病人都有一定的醫學知識，甚至自己就是醫生或護士。

病人面具稍強的人只對身體的變化比較敏感，這種情況見於軀體化障礙和慮病症患者。他們不是無中生有，而是的確有身體不適，只是把症狀放大了。而孟喬森症候群病人是純粹的裝病，他們杜撰症狀，甚至製造症狀，誤導醫生，使醫生誤診，其實他根本沒有病。醫生（護士）面具稍強的人比較適合當醫務人員，因為他們對別人的健康狀況很敏感，很喜歡照顧別人，但僅限於別人的確生病了。代理孟喬森症候群病人的醫生（護士）面具比醫務人員還強大，不只是喜歡照顧有病的人，還會把別人弄出病來，給自己「製造」病人。「無照醫生」也喜歡製造病人，把沒病說成有病，把輕病說成重病，但他這樣做是出於經濟的目的。而代理孟喬森症候群病人一點功利心也沒有，純粹是為了照顧別人而照顧別人。

也有人認為，代理孟喬森症候群病人是有目的的。他的目的是控制別人，包括控制照顧對象的身體和精神，也包括控制別人對他的印象，即認為他是一個富有愛心、不計個人得失、全心全意為病人（或家人）的人。其實，這不是目的，而是醫生（護士）面具的「職責」，他只是把醫生（護士）的職責發揮到極致而已。

PART 9

心理障礙的治療

面具重建技術

什麼是人格面具認為：一切心理活動都是透過人格面具展現的，心理障礙也是如此；**一切心理障礙都是面具障礙，心理治療就是對人格面具進行整理、修復、重建和整合。**

與其他心理諮詢和心理治療一樣，面具治療一般分為三個階段：診斷階段、治療階段和鞏固階段。其中，診斷階段的任務是建立諮詢關係，搜集資料，做出診斷，講解什麼是人格面具，進行面具分析；治療階段的任務就是面具重建。

面具重建的基本原理是「分化」和「整合」。分化就是把糾纏在一起的各個面具區分開來，整合就是把疏離或對立的面具統一起來。面具重建可以透過想像或談話來進行，也可以透過遊戲和「實戰」來進行。想像，就是透過思考或觀想，對面具進行分化和整合，或者新建一個人格面具。如果是自我治療，單純想像就可以了；如果是心理諮詢，則要藉助於語言，透過談話，在諮詢師的協助下處理面具。遊戲是指在虛擬的情境中，把人格面具展現出來，然後予以處理。展現的方法有兩種：一種是自己表演；一種是請別人代替，或者叫「替身技術」。「實戰」是指在真實情境下處理人格面具。

面具治療的關鍵環節：面具分析

面具分析是面具治療的一個步驟，相當於診斷和評估，同時也是一種專門的面具技術。透過面具分析，可以瞭解他人或自己的人格。面具分析本身就是一個分辨、細化、分化的過程，同時也是一個瞭解、理解、認識、接納、整合的過程。所以，至少有半數求助者，做了面具分析就達到了面具整合、自我成長、人格完善的目的，不需要再做面具治療。常用的面具分析方法主要有以下幾種：

1 觀察法

根據一個人的長相、衣著打扮、言談舉止和氣質，「看」他像什麼人，或者猜他是什麼人。這樣看出來的可能是他的人物面具，例如：薩馬蘭奇、林黛玉、唐僧、×××（一個朋友的名字）、爺爺（自己的爺爺）；也可能是角色面具，例如：警員、教授、農人、家庭婦女、女強人、高冷美人、黑幫老大；也可能是原型面具，例如：苦命人、愛心大使、叛逆者、拯救者。

需要注意的是，這樣看出來的不一定就是對方的「真實」面具，也可能是自己的投射。**從理論上講，只有自己擁有某個人格面具，才有可能識別別人的這個人格面具**。所以，觀察就是投射，關鍵是正確不正確。如果對方確實有這個人格面具，被我們看出來了，就叫識別；如果對方沒有這個人格面具，而我們看出了這個人格面具，就是錯覺。

另外，第一眼看出來的面具可能是模糊的、籠統的，或者近似的，並不那麼準確，需要透過進一步的觀察、辨別和驗證，慢慢精確化。例如，某人看起來像鄉鎮主管，其實他從來沒有當過鄉鎮主管。後來得知他會算命，我才知道，他是「土地公公」。再如，某人看起來像「裝斯文的小流氓」，其實這是三個面具：文人、小流氓（壞孩子）和演員。

2 問題法

心理問題就是人格面具，因為心理問題都是在特定的情境中或面對特定的人時出現的。較輕的心理問題與情境和對象具有嚴格的對應關係；而嚴重心理問題的特點是「泛化」，說明人格面具已經被濫用，變成了主導面具。

心理障礙更是如此，稱為「類病態面具」。根據求助者的症狀，可以推測他的人格面具。憂鬱症病人使用「抑鬱者」或「憂鬱者」面具；焦慮症病人使用「焦慮者」或「擔憂者」面具；恐懼症病人使用「恐懼者」或「恐慌者」面具；衝動控制障礙病人使用「衝動者」面具。

進一步分析，可能會發現，憂鬱者面具其實就是苦命人面具或慈悲者面具，也可能是討好者面具或自虐者面具；擔憂者面具可能是先知面具（預感到危險）、罪人面具（問心有愧，擔心受到懲罰），也可能是懷疑者面具。

人格障礙也是人格面具的表現。表演性人格障礙病人有演員面具；依賴性人格障礙病人有依賴者面具、順從者面具或討好者面具；自戀性人格障礙病人有帝王面具（王子面具、公主面具）、英雄（拯救者、救世主）面具；邊緣性人格障礙病人有天使面具和惡魔面具；偏執性人格障礙病人有受害者面具、抵抗者面具、鬥士面具；反社會性人格障礙病人有叛逆者面具、正義者面具、陰謀家面具；分裂性人格障礙病人有隱士面具、巫師面具。

根據症狀出現的情境，也可以識別人格面具。有一位女生在外面表現很好，一回家就瘋瘋癲癲；在別人面前很正常，在母親面前卻胡攪蠻纏，讓母親非常頭痛。這說明，她的毛病與家庭有關，尤其與母親有關，她的問題出在女兒面具上。有一個孩子得了學校恐慌症，在家表現很好，就是不願意去學校，一說去學校就大哭大鬧，強制送他去學校，死活不進學校的大門。這個孩子的問題肯定與學校有關，是學生面具出了問題。同理，社交恐怖症與社交有關，場所恐慌症與場所有關，考試焦慮與考試有關，演講焦慮與演講有關。

另外，還可以根據發病時間和當時的情境識別人格面具。有一位強迫症病人，他是在十八歲的時候發病的，當時高中畢業，家人想把他送到國外去工作。儘管他反覆強調自己也很想出國工作，但生病的結果是，他至今不能出國，也沒去別的地方工作。這表示，他有一個懶人面具，只是他自己沒有意識到。有一個偷竊癖病人，是寄宿到老師家後發病的，表示寄宿有關。寄宿意味著寄人籬下，被父母拋棄，這種情況下，苦命人面具、叛逆者面具、抵制者面具就會被激發出來。叛逆者想讓老師和家長難堪，抵制者喜歡暗中搗蛋，苦命人總是把自己推到尷尬的境地，於是三個面具「商量」出了一個令三者都覺得滿意的辦法，那就是偷老師的東西。

3 成長史

人格面具是人在成長過程中一個一個地形成的，個人成長史就是人格面具的「發展史」。回顧一個人的成長史可以最系統地瞭解他的人格面具。

有的人能夠回憶起一歲時的情境，有的人只能回憶起七歲以後的情境。有些情境記憶猶新，有些模糊不清，甚至完全忘記。**忘掉的，不一定是不重要的（可能是被壓抑了），但記得的一定是重要的。**透過成長史分析人格面具，主要依靠記得起來的內容。

成長史分析可以採用地毯式搜索或逐年回顧的方式，也可以採用「個人簡歷」或「大事記」的方式。個人簡歷通常採用分段回顧，例如嬰兒期、幼兒期、學齡期、青春期、成年期等；也可以讓當事人自己劃分階段，例如快樂的童年、和父母一起的時候、寄宿階段、在國外的日子、人生的低谷等。一般說來，一個階段有一個主導面具，進入一個新的階段會出現一個新的主導面具。

大事記就是問當事人從小到大發生過哪些對他影響比較大的「重大事件」。至於什麼是重大事件，應該由當事人自己判斷。重大事件，不管是創傷性的，還是非創傷性的，都會留下一個能量巨大的人格面具。創傷性的人格面具容易與主導面具或整個人格分離，處於壓抑狀態。它躲在幕後，對主導面具產生干擾，表現出心理障礙的症狀。非創傷性的人格面具與主導面具和整個人格比較和諧，常常會變成主導面具。

成長史分析也可以分主題進行，例如生活史、戀愛史、學習經歷、工作經歷等。生活史包括出生地、家庭背景和經濟狀況、撫養情況、生活習慣、健康狀況和患病經歷、家庭成員的變化、搬遷等。戀愛史包括初戀、暗戀、戀愛經過、失戀、婚姻、夫妻感情、婚外情。學習經歷從幼稚園開始，到小學、中學、大學，內容包括學習成績、有沒有當班級主管、同學關係、和老師的關係等。工作經歷是指曾經從事過什麼工作、擔任過什麼職務、業績如何、同事關係如何、對工作的滿意度、理想的工作是什麼。

4 家譜圖

家庭對一個人的人格形成影響極大，家裡有多少人，就會有多少對人格面具。成對的人格面具中，一個是家庭成員的內化（客體面具），一個是當事人與該家庭成員的互動模式的內化（主體面具）。除此之外，每個家庭成員都會對當事人有所期待，把自己的某個人格面具投射到當事人身上。這樣一來，一個不在場或者已故的家庭成員，也會透過在場的家庭成員對當事人產生影響。例如，父親會把初戀情人內化，形成「情人面具」，然後把它投射給女兒。結果，女兒越來越像父親的初戀情人。

一般情況下，只有與當事人有過親密接觸的家庭成員才會對當事人產生影響。但是，在弄清楚是否有親密接觸之前，全面瞭解每個家庭成員是有必要的，這樣可以防止遺漏重要的影響。

家譜圖以當事人為中心，先畫出父親和母親。每個人都有一個父親面具和一個母親面具，分別是父親和母親的內化。根據父親和母親的性格，可以知道他的父親面具和母親面具是什麼樣的。根據他與父母的關係以及父母之間的關係，可以知道他的「家庭面具」的和諧與整合程度。根據他應對父親和母親的方式，可以知道他的「父親的兒子」面具和「母親的兒子」面具是什麼樣的。

然後是兄弟姐妹，一個人有幾個兄弟姐妹，就會有幾個兄弟姐妹面具（客體面具）和相應的主體面具。兄弟姐妹之間的關係和錯綜複雜的互動模式決定了這些人格面具和人格的和諧與整合程度。現在，大多數家庭都只有一個孩子，兄弟姐妹越來越少了，堂表兄弟姐妹也可以起到補充的作用。

下一步就是畫出爺爺、奶奶、外公、外婆和父母的兄弟姐妹（叔伯、姑姑、舅舅、阿姨）以及他們的配偶。這些人會透過直接的互動對當事人產生影響，形成相應的人格面具。例如爺爺奶奶面具或孫子面具，被他人間接地投射到當事人身上，例如外婆或媽媽把小舅舅投射給當事人。一般說來，小舅舅不在場時，更容易發生這樣的投射，這種情況類似於「喪失認同」。所以，不在場的家庭成員不應該被忽視。

5 關係網

通常填履歷表的時候，都要填個人簡歷、家庭成員和社會關系。但是，大多數人把社會關係僅僅理解為親戚關係，除了直系親屬如父母、兄弟姐妹、配偶、子女之外的親戚，還包括父母的兄弟姐妹和自己的堂表兄弟姐妹。其實這裡所說的關係網是指平時聯繫比較多的各種社會關係，如主管、同事、朋友、鄰居，也包括部分親戚。所以，關係網和家譜圖是有重疊的，聯繫密切的親戚也包括在內。

關係網的核心是朋友關係，根據朋友關係，可以快速瞭解一個人的人格面具，因為人們在與朋友交往時，必定會形成一對相互對應的人格面具。反過來說，一個人之所以會與某個人成為朋友，是因為他有一個客體面具，而這個朋友正好符合這個客體面具。當他把這個客體面具投射給對方的時候，對方正好能夠接過去。當然，朋友也會影響他的客體面具，使客體面具發生必要的變化，以便適合這個朋友。而隨著客體面具的變化，相應的主體面具也會發生改變。所以說，朋友會影響我們的性格。

朋友關係有三種：學習的榜樣、支持者、另一個自我。學習就是認同、模仿、追隨，最後變得越來越像朋友。支援可以強化自己的性格，同時，為了得到支援，當事人會不由自主地按朋友的期望改變自己，這就是「討好」。學習導致趨同，支持和討好導致互補和依賴。最後又形成兩種關係：相似和互補。相似就是觀念相同，步調一致，心心相印，朋友變成了另一個自我。互補就是相反相成，唇齒相依，誰也離不開誰，朋友變成了「另一半」。

總體上講，朋友關係屬於私人關係，其他人際關係屬於角色關係。私人關係具有心理性、情感性的特點，與人格結構關係密切。角色關係是社會性的，受社會期待的制約，必須符合一定的社會規範，有一定的權利和義務，與人格的關係相對不那麼密切。不過，私人關係和角色關係不是涇渭分明的。現代人的私人關係越來越角色化和制度化，角色關係則越來越「情感化」或人性化。

6 向量圖

讓被分析者講出三個最喜歡的人和三個最不喜歡的人，可以是生活中的人，也可以是文藝作品或傳說中的人，同時說明「喜歡」和「不喜歡」的性質，例如：愛、崇拜、羨慕、依賴、怕、恨、厭惡等。

一般說來，喜歡的人很容易被認同，變成人格面具。例如，崇拜和羨慕一個人，就會去效仿，把對方的特質吸收過來，使自己變得和對方一樣，這就是認同。反過來，我們之所以會喜歡某個人，是因為從他身上看到了自己的影子。換句話說，就是把自己的某個人格面具投射到了對方身上。因為自己是喜歡這個人格面具的，所以也喜歡被投射的人。

愛和依賴的情況稍複雜一些。嚴格地講，愛不是認同。佛洛依德把人際關係分為認同和對象愛（也稱對象關注或傾注），其中，愛是把對方當作「對象」，並不與之認同，因為主體和對象（客體）是有區別的。但是，愛的對象也會被內化，形成客體面具。在特定情況下，例如：對象「喪失」，客體面具可能就會轉化為主體面具，產生「喪失認同」。

討厭的人也會被內化，從而形成人格面具。雖然說討厭意味著排斥，但是，在排斥某個人之前，必須先知道這個人的存在，也就是心中有這個人，這就是客體面具。然後，透過排斥，把這個客體面具壓抑掉，以為自己沒有這個客體面具。既然自己以為沒有這個客體面具，怎麼證明它的存在呢？有兩方面的證據，第一，個體有一天可能會突然表現得很像他所討厭的那個人。例如被婆婆欺壓的媳婦，後來成了婆婆，也去欺壓自己的兒媳婦；家庭暴力的受害者，自己成了家以後，卻變成了暴君；小時候對父母的某些作法非常反感，長大以後，自己不知不覺地變得越來越像父母。第二，我們之所以討厭某個人，是因為從他身上看到了自己的影子，也就是把自己的某個人格面具投射到對方身上。因為不接納這個人格面具，所以非常討厭被投射的人。作為精神分析的專業術語，「投射」一詞的本義就是把自己不接納的東西排斥出去，使其變成外在的東西。

有人說：人們討厭一個人，是因為自己身上有對方的特質；喜歡一個人，是因為自己身上沒有或者缺少對方的特質。我認為，特別討厭和特別喜歡，都是因為自己身上有對方的特質，區別在於自己認可不認可，接納不接納。如果既不討厭，也不喜歡，一點感覺也沒有，才表明沒有對方的特質。所以，分析最喜歡的人和最不喜歡的人，是瞭解自己的人格面具很好的方法。

7 配對法

有一個面具，就會有一個與之對應的面具。其中，一個自己用，一個用在別人身上。例如，老師面具和學生面具、醫生面具和病人面具、迫害者面具和受害者面具。

有時候，對應面具不是一個，而是一組。例如，如果一個人有孫悟空面具，很可能同時還有唐僧面具、豬八戒面具、沙僧面具；如果一個人有武大郎面具，很可能同時也有潘金蓮面具、西門慶面具、武松面具。

有一個面具，就會有一個與之相反或者對立的面具。通常情況下，一個表現在外，一個處於潛伏狀態。表現在外的容易被識別，處於潛伏狀態的就會被忽視。所以，如果一個人表現非常極端，例如：非常好，或者非常壞，必有一個相反的面具，只是沒有表現出來而已。沒有表現出來，也是相對的。也許從來沒有表現過，也許只在隱私場合表現出來。

8 動力學

知道某人有什麼人格面具還不夠，應該進一步查明面具的來歷和適用情境。例如，它是什麼時候形成的，是在什麼情況下形成的，適用於什麼情境。

面具的來歷就是形成的時間。例如，某個面具是一個五歲的孩子，那麼這個面具就是五歲的時候形成的。面具一旦形成，年齡、長相、裝扮就不會發生變化。如果面具的年齡比當事人的實際年齡還大，例如一個年輕人有一個老爺爺面具，那就要把它當客體面具來看待，然後想像「我」在它面前應該是多大的年齡。有一位諮詢人有一個媽媽面具，他的媽媽已經六十多歲了，可是媽媽面具只有三十多歲，說明這個面具是在他媽媽三十多歲的時候形成的。

病態面具和兒童面具之間有一定的聯繫，可以推測其形成的時間。例如，窺視癖是性心理發展停滯在尿道期的結果，說明窺視者面具形成於三至六歲；強迫症與肛門期有關，說明強迫面具形成於一至三歲。

知道了面具形成的時間，再去瞭解當時發生了什麼事，就能確定為什麼會形成這個面具，這個面具是在什麼情況下形成的，跟什麼人有關。面具都是成對產生的，在這個過程中，必有一個「他人」在演對手戲。所以，透過家譜圖、生活圈等方法也能查明面具的來歷和性質。

下一步，確定面具的適用情境。從理論上講，兒童面具就是病態面具，成年人使用兒童面具就是不合適的。但是，在非公開場合，可以有限制地使用兒童面具和病態面具。這其實就是「安置」，也叫「限定」。

任何一個面具都有適用的情境，只是有些情境基本上不可能遇到，例如：

「殺人犯」、「自殺者」、「亂倫者」。換句話說，一個人有這樣的面具是正常的，應該接納它，而不要排斥它。同時，不要否認它的合理性（適用情境），而要承認它的合理性。否認它的合理性，必然會導致壓抑。而壓抑的結果，很可能是「爆發」，或者向外投射。

面具單一和面具分化不良的治療手段：分化

分化主要用於治療面具單一和分化不良（融合）。

有的人一個面具打天下，不知變通，這是面具單一的表現。有的人只有兩個面具，一正一邪，黑白分明，沒有中間地帶，這是面具分化不良。有的人兩個不同（甚至對立）的面具同時上場，自我矛盾，也是面具分化不良。遇到這幾種情況，就需要採用分化技術，把它們區分開來。

1 情境分析

人格面具是人在特定的場合中心理活動的總和，人格面具和情境是對應的。如果一個人在不同的場合表現一個樣，說明面具單一，最簡單的方法就是把這個面具一分為二。例如，某人的主導面具是「老好人」，我們把它分為「面對強者的老好人」和「面對弱者的老好人」。讓他自己體會一下，在強者面前和在弱者面前有什麼不同。再如，一位主管慣用主管面具，回到家裡還像主管一樣，家人很受不了。我們可以直接告訴他，職業面具和家庭面具不同，主管面具和家長面具不同，然後讓他去體會，去調整。

如果是兩個面具糾結在一起，那就把它們分開。例如，一個學生很想玩電腦，但是又覺得玩電腦不好，應該認真學習。這顯然是「好學生面具」和「小調皮面具」之間的衝突和糾結。這兩個面具原來攪在一起，像一團亂麻，現在分化開來，就知道衝突的原因了。就像兩個人打架，必須先把他們分開，然後讓他們分別陳述理由，結果發現，雙方都有一定的道理。從理論上講，任何一種內心衝突都是對立面具糾纏在一起同時出場的結果，分化是解決衝突的第一步。

2 矛盾分析

一個人格面具，如果是自我矛盾的，那它一定是兩個面具的混和。強迫症的特點是自相矛盾、內心衝突，這說明存在兩個面具，一個是「強迫面具」，例如，反覆洗手或檢查門窗；一個是「反強迫面具」，例如認為反覆洗手和檢查門窗是沒有必要的，是不正常的，竭力克制。

「矛盾情感」也是兩個面具互相混淆的表現。一個面具喜歡某個人或某種活動，另一個面具不喜歡這個人或這種活動。透過矛盾分析，可以把兩個面具區分開來，然後分析「喜歡面具」為什麼喜歡這個人或這種活動，「不喜歡面具」為什麼不喜歡這個人或這種活動。分開之後比較容易查清楚喜歡和不喜歡的原因，結果發現喜歡和不喜歡都有非常充分的理由。如果不把它們分開，是很難查清楚原因的，因為兩個面具會互相「抬槓」。

許多家長常常同時向孩子提出兩個完全不同，甚至正好相反的要求，對孩子造成「雙重束縛」，令孩子無所適從。例如又要把事情做得好，又要做得快。想把事情做好，就會影響速度；動作俐落一些，自然就會潦草。這說明家長有兩個面具，不管孩子怎麼做，總會有一個面具不高興。

如果一個人做決定的時候猶豫不決，或者做了決定又後悔，也是兩個相反的面具互相混淆的結果。類似的情況還有完美主義、矛盾性依戀、「事與願違」、自我否定和心理諮詢中的阻抗。

把兩個互相對抗的面具區分開來以後，可以強調它們的共性，使其整合；也可以強調它們的區別，劃分「勢力範圍」，讓它們各自為政。例如，上課的時候做好學生，下了課可以當小調皮；在學校做好學生，回到家裡當小調皮；或者週一到週五做好學生，週末當小調皮。

一位自我要求很高、各方面都很優秀的教師，不管是上班還是聚會，她總是遲到。這顯然是小孩面具（老師眼中的壞學生）和大人面具（優秀教師）在捉迷藏。

很多人的內心衝突都是小孩面具和大人面具的衝突，通常情況下，大人壓制了小孩。但是，小孩會反抗，在背後搗亂，干擾正常的活動。大多數人來做心理諮詢，目的是讓諮詢師幫他制伏小孩，其實，最好的辦法不是壓制，而是對話。透過對話，小孩和大人達成共識，和平相處。但是，如果小孩被大人「汙染」了，等於在小孩的陣營裡混進了幾個大人，他們幫對手說話，結果小孩總是理虧。所以，對話之前必須先「清洗」小孩，消除「汙染」。只有這樣，才能進行平等、公平的對話。但是，徹底「去汙」是不可能的，小孩面具通常都遭到了多重「汙染」，層層滲透，深入骨髓，去掉一個大人面具，裡面可能還有一個，無窮無盡。這時候，保持覺知，及時識別內在的大人，不被混淆視聽，才是最重要的。

3 內容分析

原型面具是內容單一的面具，角色面具和人物面具其實不是一個面具，而是一組面具或面具組合。如果「面具組合」內部統一、自我協調，可以不予分化；如果內部不統一、自相矛盾，則需要予以分化。

小F是一名高中生，得強迫症已經三年了，他的症狀主要是反覆檢查。每天晚上睡覺以前，他都要把作業、書包、門窗、水龍頭、瓦斯檢查一遍。如果五分鐘內睡不著，他會起來再檢查一遍。再過五分鐘，如果還沒睡著，還得起來檢查一遍。一般都要折騰四、五次，最多時二十一次。

每次檢查完後，第一個想法是後悔，責怪自己沒有克制能力；第二個想法是，剛才的檢查是否徹底，有沒有漏掉什麼東西，甚至懷疑自己到底有沒有查過；第三個想法是，算了算了，不查也罷，運氣不會這麼差的；第四個想法是，不行，必須再檢查一次。接下來是檢查和不檢查的糾結，腦子越來越清醒，心裡越來越著急。這樣下去肯定睡不好，不如查了好安心睡覺。起來的時候，他會告誡自己「下不為例」。

我把他的強迫面具命名為「檢查員」。檢查員為什麼要一遍一遍地檢查？因為他怕作業沒做好，書包沒整理好，門窗、水龍頭、瓦斯沒關好。就算作業沒做好，書包沒整理好，門窗、水龍頭、瓦斯沒關好，又怎麼樣呢？他說他不知道，沒想那麼多。我讓他想，他說想不出來。我說想不出來也要想。他想了一下說，他知道反覆檢查是沒有意義的。這話顯然是反強迫面具說的。

我告訴他，他這樣做一定是有理由的，他應該把理由找出來。是不是因為檢查作業和書包是怕萬一作業沒做好，書包沒整理好，忘了帶什麼東西，會被老師責罵；檢查門窗是怕萬一沒關好，小偷進來偷東西；檢查水龍頭是怕萬一沒關好，會「淹大水」，把屋子和傢俱浸壞；檢查瓦斯是怕萬一沒關好，家人會瓦斯中毒。

他說，檢查作業和書包的確是怕被老師責罵，而檢查門窗、水龍頭和瓦斯是怕壞人進來殺人，父母夜裡上廁所滑倒摔死，家人瓦斯中毒身亡。這些都與家人意外死亡有關。這說明，檢查員背後有一個極其缺乏安全感、害怕家人死亡、擔心自己變成孤兒的「依附者」面具，這可能與早年的分離焦慮有關。

他是住校的。我問他，他不在家的時候，誰檢查門窗、水龍頭、瓦斯。萬一沒關好，家人死了怎麼辦。他說，那就管不著了。他擔心的是，由於他的疏忽，導致家人死亡。看來，他是怕承擔責任。

我推測，他有一個「弒親者」面具。這個面具很多人都有，是伊底帕斯情結的組成部分，通俗地講，就是親人之間的競爭、嫉妒和怨恨。他恨家人，希望他們死去，或者親手殺了他們。同時，他的理智又不能接受這種想法，所以必須防患於未然。關門窗、水龍頭和瓦斯就是防患於未然，讓兇手不在現場（住校）也可以防患於未然。

他爭辯，他不是希望家人死去，而是害怕家人死去。如果不是有人蓄意謀殺，家人會那麼容易死嗎？他顯然把不確定因素、外面的世界和他人想像得非常可怕，所以這麼才沒有安全感。這是投射，表示他有一個「殺人者」或「惡魔」面具。

檢查員的工作不僅僅是檢查，更是保護家人免遭傷害。所以，檢查員同時也是保護者和拯救者。

弒親者、殺人者和惡魔是壞人，家人和依附者是受害者，檢查員、保護者和拯救者是英雄，多像一部西部片！反強迫面具是一名挑剔的觀眾，他認為這部西部片拍得太爛，不夠認真，對他沒有說服力。

面具疏離、分裂和壓抑的治療手段：整合

治療手段：整合是面具技術的根本，因為**心理健康的標誌就是人格的完整和統一**。

面具間的關係主要有三種：友好，和諧，統一；對立，對抗，衝突；疏離，

分裂，壓抑。以決策為例，一個人想做一個決定，其實是眾多面具的「集體決策」。如果面具間的關係是友好、和諧、統一的，決策就很容易做出，給人的感覺是英明、果斷；如果面具間的關係是對立、對抗、衝突的，決策就很難做出，表現為猶豫不決、舉棋不定、患得患失；如果面具間的關係是疏離、分裂、壓抑的，決策可能很快，但事後容易反悔，因為當前面具的意願不能代表被疏離、分裂和壓抑的面具的意願，當後者上場的時候，就會推翻前者的決定。

整合主要針對疏離、分裂和壓抑。對於對立、對抗和衝突，通常先採用分化技術，然後予以整合。

1 互相認識

整合的方法有很多，最簡單的是讓面具互相認識。雙相情感障礙的特點是躁狂和憂鬱交替出現，這是面具分裂的表現。如果把兩者「平均」一下，一直保持「不卑不亢」的狀態，這種病就算治好了。怎麼「平均」呢？就是讓病人在躁狂的時候回憶憂鬱狀態，在憂鬱的時候回憶躁狂狀態。但是，大多數病人在躁狂的時候無法回憶憂鬱狀態（非常排斥，不願意回憶），在憂鬱的時候無法回憶躁狂狀態（心情太差，想像不出來）。這時候可以藉助於錄影技術，讓病人在躁狂的時候看憂鬱的錄影，在憂鬱的時候看躁狂的錄影，目的就是讓兩個面具互相認識。還有一個辦法，就是讓兩個面具互相寫信。

讓內治療多重人格的方法是透過催眠把各個子人格叫出來，然後告訴它，在它的體內還有另外幾個子人格，它們有什麼特點，從而讓它們互相認識，和平共處，最後統一起來。如果用攝影機把各個子人格的表現拍下來，效果肯定會更好。

心理諮詢的作用之一是幫助當事人瞭解自己。所謂瞭解自己，就是讓一個面具（通常是主導面具）去認識另一個面具。通常瞭解自己是很難的，瞭解的已經瞭解了，不瞭解的不知道怎麼瞭解。藉助於諮詢，把諮詢師當作鏡子，是瞭解自己的一種有效方法。

有人把心理活動分為四塊：自己不知道，別人也不知道，叫「無意識」；自己知道，別人不知道，叫「隱私」；自己不知道，別人知道，叫「盲點」；自己知道，別人也知道，叫「意識」。**心理諮詢主要作用於盲點，透過瞭解盲點，漸漸縮小盲點**。當然，除了心理諮詢，朋友和同事之間真誠的回饋也可以達到這個目的。

與個別諮詢相比，團體諮詢更有助於瞭解自己。在團體中，所有的成員都是鏡子，可以從各個角度、「全方位」地向求助者提供回饋。另外，還可以借用心理劇的技術，由其他成員模仿求助者的表情、動作和說話方式，再現他的內心活動，讓求助者親眼「看到」自己。

分化技術表面上是把不同的面具分開，但是，這個工作是當著求助者的面進行的，也可以說是在求助者的腦子裡進行。各個面具共用一個腦子，所以在分化的過程中就互相認識了。從某種意義上講，分化就是整合。

所謂瞭解自己，就是讓一個面具去認識另一個面具。

2 自我對話

不認識自己的另一個面具，是因為不想認識，也就是不接納。這時候，應該告訴求助者，不管他接納不接納，這個面具永遠存在於他的人格中，他是逃避不掉的，必須面對它。任何一個面具都有產生的原因和存在的理由，面具一旦形成，永遠不會消失，也不會改變。

既然不得不接納，那就改變一下心態。努力尋找面具的優點和好處。最好的辦法是讓面具自報優點和好處，因為這樣比較「真誠」。把壞人往好處看很難，讓壞人自己說，一定會把自己說得很好。同樣，找自己不接納的面具的優點和好處很難，不如讓它自己說。另外，讓面具自報優點和好處，就是暫時把這個面具當成主導面具，等於把它拉到人格的中心位置，這是最好的接納。

兩個不認識的人相遇，想互相認識，必須自我介紹；兩個人發生誤會了，可以透過溝通來解除；兩個人對立起來了，可以透過協力廠商來調解，而調解的方法主要就是溝通。所以，一個面具想認識另一個面具，或者與對立的面具和解，最好的辦法就是讓兩個面具互相對話。

某人有一個冷血殺手面具，他擔心這個面具真的會殺人，所以非常害怕。我問他冷血殺手為什麼要殺人，他說不知道。我請他猜（推測、想像），他說可能是報仇。後來，我要求他讓冷血殺手自己說。結果，他用顫抖的聲音說：「我並不是真的想殺你。只是想嚇唬你一下，可是你一點也不給我面子，反而比我還凶，讓我下不了台。」

不難看出，揣摩面具的心思和讓面具自己表達，這兩者間的差別是很大的。當一個人不接納自己的面具時，就會把它往壞處想，這樣想是不利於面具的整合的。如果讓它自己說，它一定不會把自己往壞處說。這是因為，面具是一個整體，是自我統一、自我接納的。如果一個面具是自我矛盾、自我排斥、自我貶低的，那肯定不是一個面具，而是兩個面具，而且還是互相對抗的。

有一個病人，老是擔心別人會傷害他和他的家人。所以做任何事情都非常小心，害怕傷害別人，不敢得罪別人，揣摩別人的心思，過分關注環境安全和食品安全，反覆檢查和清洗。他有一個受害者面具，整天提心吊膽，擔心被人傷害；還有一個拯救者面具，時刻保持警惕，隨時消除安全隱患。後來發現，他還有一個反抗者面具，覺得自己這樣做很累，很想什麼也不管，任憑意外發生，甚至親自製造意外。不難看出，反抗者其實就是迫害者，它本來躲在暗處，化名「別人」，後來走到前台，取代了拯救者，為拯救者打抱不平。他對這個面具是不認可的，所以竭力壓制，怕它生出事端。我讓他跟這個面具對話，問他為什麼要製造意外，傷害自己和家人。反抗者開始什麼也不說（應該是別的面具不讓它說），後來說自己並沒有想傷害自己和家人（這是狡辯），再後來就數落起家人的種種不是（開始倒苦水了），最後還說自己這樣做其實是為了家人好（這是他的真心話）。

讓面具自己說，必須用第一人稱說話。許多求助者沒有這個習慣，諮詢師必須向他強調。在上例中，我問求助者，冷血殺手為什麼殺人。求助者開始說：「不知道。」我問：「是你不知道，還是他不知道。」他說：「他不知道。」我請他問問冷血殺手，為什麼殺人。他還是說：「他說他是受雇殺人。」我要求他讓冷血殺手自己說。用第一人稱，他才說：「我並不是真的想殺你……」

讓面具說話，其實就是讓求助者「鑽進」面具。這樣一來，他就成了深入面具體內的「內射鏡」，可以清楚地知道面具的內心感受。「描述」是表面的，「進入」比較深刻。

「進入」不但可以更加深刻地瞭解面具，同時也可以控制面具、修改面具。這是因為，「鑽進」面具的是諮詢人面具或其他面具，它有自己的心理特點，一定會對被鑽的面具產生影響。另外，「進入」一個面具，就是戴上這個面具，等於上了「賊船」，說明已經認可了這個面具。

自我對話，除了可以深入瞭解一個面具的真實想法，以便消除誤解，完成整合；還可以讓面具在自我辯解的過程中發現自己的謬誤，以便自我糾正。

3 求同和折衷

疏離和對抗是因為不同，如果找到兩個面具的共同點，就能把它們整合起來。具體作法是：透過自我對話，讓兩個面具分別陳述自己的觀點和理由，然後求同存異，把共同點找出來。例如，在拯救者看來，迫害者想置家人於死地，而迫害者說，他這樣做是為了家人好。雙方都是為家人好，所以就有共同之處了，下一步就是討論用什麼方法幫助家人。

從理論上講，任何兩個面具都有共同之處。因為它們共用一個身體，共用一套心理資源。相反，如果兩個面具沒有任何共同之處，是不會發生對抗的。但是，由諮詢師來找共同之處，通常不會有效果。因為諮詢師是局外人，也許很客觀，很中立，很講道理，但沒有切身體驗，沒有利害關係，很難被雙方所接受。由求助者的第三個面具（例如：諮詢人面具）來找共同之處，效果也不好。必須讓衝突雙方自己協商，充分表達自己的觀點，最後達成共識。因此，充分的溝通非常重要。多數情況下，「求同」是自然發生的。透過自我對話，對立的面具自己會達成共識。

折衷就是平均，把兩個面具「平均」一下，差異消失了，也就不會疏離和對抗了。互相認識就有折衷的作用，因為面具之間會相互影響。如果互相認識還折衷不了，可以透過「自我對話」讓兩個面具去談判，如果雙方都各退一步，也就折衷了。

還有一個辦法，就是由協力廠商來「調解」，提出一個折衷的方案。例如，一個強迫洗手的病人，每天要洗二十次手，「自己」認為洗太多，但克制不了。我問他的強迫面具，覺得一天洗多少次比較合適，它說二十次是需要的。再問反強迫面具，開始說最好一次也不洗，後來自我糾正，六次比較合適，飯前三次，便後三次，不包括洗澡和洗臉。我給出的方案是十二次，除了飯前便後，還有六次隨機，具體情況自己安排。病人同意了，就按這個方案執行。

4 轉化

所謂「轉化」，就是換一個角度看問題，通常是用積極評價或中性判斷代替消極評價。例如，求助者認為某個面具是自私的、虛榮的、邪惡的、危險的，就把它們換成「自我保護」、「適應環境」、嚴厲」、「怨恨」。一個詞可以有多個同義詞或近義詞，有的是褒義的，有的是中性的，要根據情境來選擇。「內射鏡」技術，即「進入」面具就是一種轉化。採用自我對話，或讓自己面具說話時，視角自然就變了。

面具發作、干擾和投射的治療手段：安置

每個面具都有產生的原因和存在的理由，如果當事人因某個面具帶來苦惱而想把它消滅掉，那是不妥當的。消滅，其實就是壓抑。被壓抑的面具依然存在，它可能會突然爆發出來，或者投射到別人身上。對於這樣的面具，最好的

辦法就是把它安置好。所謂安置，就是找到適合它的情境，把它限定在特定的情境中。安置適用於發作、干擾和投射。

1 識別

有位來訪者經常會無緣無故地覺得身邊的人都不要她了，所以感到孤單、委屈、恐慌，並且發脾氣、酗酒、自殘。別人怎麼安慰也沒用，因為她覺得別人都不是真心的。她甚至有報復心理，故意讓別人難堪。別人如果不耐煩了，更證明他們真的不要她了。學了什麼是人格面具，她知道，這是一個「棄嬰面具」。

安置的第一步是識別它，瞭解它。當它出來的時候，用心去感受它，不迴避，不排斥，不打壓。如果出不來，就製造情境，或者透過想像，把它引出來。識別面具就是瞭解自己。除了自我觀察，還可以請別人幫忙。有些面具，尤其是自己不接納的面具，自己看不到，也許別人能看得很清楚。

2 釋放

第二步，確定適宜的情境，也就是告訴自己，在什麼情況下這個面具可以出來。以棄嬰面具為例，開始的時候，條件要寬鬆一點，允許它在多種情境下出來。一人獨處的時候，有人在面背對著她的時候，面對著她但不跟她說話的時候，別人凶她的時候，別人揚言離開她的時候，別人離她而去的時候，她被鎖在屋裡或閘外的時候，她迷路的時候，她被扔在孤島上的時候。由於許多情境並無實際的危險，這個面具漸漸地就不會再出來了。最後剩下的幾個情境確實是有危險的，例如：被鎖、迷路以及在孤島上，這個面具出來也是應該的。

許多人不接納自己的棄嬰面具，所以想方設法予以壓制。壓制導致能量的聚集，結果棄嬰面具越來越強大，最後氾濫成災，時不時地爆發出來，干擾正常生活。而釋放可以減少能量，使心靈得到淨化。當棄嬰面具的能量減少到一定程度時，就不會對日常生活產生影響了。具體作法最好是在特定的情境中讓棄嬰面具出來。心理諮詢和心理治療就是特定的情境，每週一次，或五次，一次一個小時，在治療室裡，有治療師的陪伴下。如果這樣還不夠，可以採取作業療法的形式，讓諮詢人在家裡，每天一次，或者三次，每次半小時。這樣釋放一段時間，兩個月，或者一年，棄嬰面具的能量必定會消耗殆盡。

釋放的方法可以是描述面具，也可以是把面具演示出來。所謂描述，就是告訴治療師，棄嬰面具都有什麼表現。在描述的過程中，諮詢人常常會感覺到棄嬰面具的內心活動，甚至被棄嬰面具支配，把它直接表現出來。這個時候，棄嬰面具就是當下的面具。由於棄嬰面具是被有意識地激發出來的，所以這樣的表現也就是演示。有些時候，棄嬰面具一出來，諮詢人就失去控制，完全被棄嬰面具所支配，呈現出意識「分離」的特徵，變得「無意識」。但是，透過不斷演示，意識的作用會越來越強大，越來越有「覺知」，最後變成真正的演示。另外還可以找幾個人分別扮演當事人的幾個人格面具，讓他們即興表演，或者在治療師的指導下進行表演。這種方法可以把當事人的內心活動展示出來，以便使他更好地瞭解自己，瞭解就是整合。

3 接納

人人都有棄嬰面具，棄嬰面具是人所共有的本性，所以，不接納是不行的。人們之所以不接納，是因為它干擾正常的生活。它之所以會干擾正常的生活，是因為被壓抑得太久而爆發出來。而且，每次爆發都不充分，所以不斷地爆發。當它的能量不那麼大的時候，對日常生活沒有太大影響了，就可以接納了。釋放就是接納，正如壓抑就是不接納。

接納有兩種：一種是消極的接納，一種是積極的接納。

消極的接納就是無奈地接受，屬於權宜之計。棄嬰面具既然是人性的一部分，只好接納。面具一旦形成就不會消失，也很難被「修改」，那就認了吧。壓抑會導致氾濫，不如用接納來宣洩。

積極的接納是指認識棄嬰面具的積極意義，對它報以感激之情。想想看，如果沒有棄嬰面具，出生的那一刻，我們無動於衷，不發出第一聲哭叫，自主呼吸就建立不起來了；如果沒有棄嬰面具，媽媽忽視我們的時候，我們不哭也不鬧，就

每個面具都有其產生的原因和存在的理由。

會繼續被忽視，最後導致營養不良、水電解質平衡失調、器官功能衰竭；如果沒有棄嬰面具，在危急關頭，我們就不會求救，從而錯過了被救的機會。

棄嬰面具是情感連結的動力。人是社會的動物，人的社會性就是靠棄嬰面具來支撐的。小的時候，它表現為對母親的依戀；長大一點，它表現為對朋友的情意和歸屬感；談戀愛的時候，它轉換成了激情。有了它，才有家的概念，人才會關注自己的血統，才會要葉落歸根。

4 控制

演示就是控制。有了控制感，棄嬰面具就沒那麼可怕了。我們就可以隨心所欲地使用它，什麼時候讓它出來，什麼時候不讓它出來，運用自如，得心應手。面具無好壞，使用恰當就是好。

面具的能量得到釋放之後，就不會氾濫成災，不會不分場合地冒出來，只有遇到「合適」的情境時才會出來，這就是「安置」。安置就是接納，因為面具的合法地位得到了承認。如果實在安置不了，無法完全限定在單一的情境中，那就另外給它尋找一個安身之處。例如，獨處的時候，喝點酒，看一部悲情的電影。

面具的新建

有些人不適應環境，或者在某些場合表現不得體，是因為缺少相應的面具，這個時候就需要新建一個面具。**新建面具有兩種方法：一是從零開始，或者從頭學起；二是借用或移植一個相似的面具，然後對它進行修改，以便適應新的情境。**具體地，可分為以下四種：

1 模仿

模仿就是透過觀察，把別人的音容笑貌、言談舉止、思想感情記錄下來，形成客體面具，然後再把它轉換成主體面具，用自己的行為把它表現出來。新建面具也可以採用這種方法。具體作法是：首先，選擇一個模仿對象，然後對他進行深入的觀察，同時對他進行模仿。久而久之，當事人就會越來越像模仿對象。

模仿包含兩個成分：一是觀察，二是角色扮演。

單純觀察就能形成客體面具，只要在適當的時候把它轉化成主體面具，模仿就完成了。如果不把它轉化成主體面具，繼續以客體面具的形式保存著，雖然不是完整的模仿，但「內化」已經完成。內化非常普遍，和一個人接觸較長時間之後，就會自然而然地把對方內化，形成客體面具。以後遇到某種情境，客體面具就會轉化為主體面具。因此，做過長程諮詢的求助者都有諮詢師面具，必要的時候都能部分地像諮詢師那樣行事。

角色扮演就是有意識地像模仿對象那樣行事，假裝自己就是對方。如果模仿對象已經內化，已經形成客體面具，那麼，只要轉變角色，把自己當成模仿對象，像他那樣行事就可以了。如果模仿對象還沒內化，客體面具還沒形成，那就一邊觀察對方，一邊學他的樣子。

模仿對象可以是現實生活中的人，也可以是電影或者小說中的人物。在治療室裡，治療師可以自告奮勇，擔任求助者的模仿對象。治療師設定一種情境，例如：買菜，讓來訪者扮演顧客或者攤販，把表情和動作都演出來，自編台詞，隨機應對。如果表現不妥，治療師可以予以糾正，並且示範。然後反覆練習，直到熟練為止。

進行角色扮演的時候，還可以請別人當配角，也可以使用道具，把環境布置得非常逼真，甚至化一下妝，也可以戴一個面具，或者掛一個胸牌。

2 實踐

這裡所說的「實踐」有兩層涵義：一是「實戰」，就是到現實生活中去訓練，在實踐中形成一個面具；二是角色扮演，就是透過身體力行形成主體面具。

經過一段時間的模仿學習和角色扮演，求助者已經成功地形成了一個合適的主體面具，下一步就是把它遷移到現實生活中，在現實生活中檢驗它，完善它，這就是「實戰」。

自然狀態下的面具形成絕大多數是實戰的產物。嬰兒做了一個動作，得到母親或者別人回應，他受到了鼓舞，重複做這個動作，從而形成一個主體面具，或者成為某個主體面具的一部分；如果母親或別人沒有回應，這個動作就不會保存下來；如果母親或別人懲罰了他，這個動作就會受到抑制，被這個面具「剔除」。一個人以某種身分進入某個場所，如果他的表現與他的身分或情境相符，就會得到「強化」；如果他的表現與身分和情境不符，就會受到「抑制」。經過強化和抑制的雙重作用，他的表現被「修剪」，與身分和情境越來越相符。這些表現構成了一個人格面具。

其實，心理諮詢也是現實生活的一部分。除了有目的的角色扮演，心理諮詢本身就是一種實戰。在諮詢室裡，求助者必須使用諮詢人面具。有的求助者本來沒有諮詢人面具，或者他的諮詢人面具有缺陷，就會在諮詢過程中被修剪，逐漸形成「合適」的諮詢人面具。諮詢人面具的特點是理智、客觀、負責、積極參與、勇於自我探索，這樣的面具是比較健康的。如果求助者把諮詢人面具帶到生活中去，使其成為主導面具，他就是一個心理健康的人。

另外，心理諮詢中的移情也屬於實戰。諮詢師絕不滿足於只聽求助者講他的故事，更喜歡看他表演。看表演有兩種途徑，一是事先告訴求助者，我們來做角色扮演，你扮演自己的某個面具。這樣做的結果是，「表演」的成分太濃，不夠真實。第二種途徑是，諮詢師什麼也不說，直接戴上某個面具與求助者互動，求助者不由自主地掉進諮詢師的「陷阱」，換上相應的面具，與諮詢師配合。這個時候，求助者就不是表演，而是真情表現了。不過，表演有時候也會假戲真做。求助者如果很入戲，就會真情表現。

3 扳機點技術

每一個面具都有適合它的情境，面具和情境之間具有對應的關係。當進入這種情境的時候，面具就會「自動」出來。真的是「自動」的嗎？其實不然，面具是被各種線索激發的。例如：場合、布景、標語、座位、在場的他人、他人的動作或話語。這些線索就是刺激物，與面具之間形成了條件反射。一碰到適宜的刺激物，面具就被激發出來了。另外，事先知道自己要去哪裡，去幹什麼，以什麼身分參加，也是刺激物。有的人喜歡用默念「我是誰」來激發面具；有的人用特殊的裝束來強化「我是誰」。所有這些刺激物，對於激發面具來說都是非常重要的。所以認識刺激物，巧妙利用刺激物，是面具技術的一項重要內容。刺激物也稱「扳機點」「情緒按鈕」或「心錨」。

有一個學生，每到期末考試的時候，就會心情煩躁、失眠、退縮，最後無法參加考試。考試就是他的扳機點。有一位女生，每次談戀愛，當男方有親密舉動時，她就會慌忙逃竄，或者痛斥對方，有一次還打了對方一個耳光。親密舉動就是她的扳機點。社交恐懼症的扳機點是社交場合、異性和「大人物」。潔癖的扳機點是髒。

從理論上講，只要不去碰扳機點，面具就不會出來。所以，應該儘量避免碰觸扳機點。然而，現實生活中，這是很難做到的。第二種方法是改變扳機點，透過演練，把A面具的扳機點與B面具形成條件反射，例如，一邊摸髒東西，一邊做深呼吸，這樣就沒時間去洗手了。還有一種方法是，當一個不妥當的面具出來時，利用扳機點啟動另一個面具，取代那個不妥當的面具。例如，當出現考試焦慮時，透過刺激一個扳機點，換上「勝利者」面具。具體作法是：先設定一個扳機點，例如：一句口號、一個動作、一個「護身符」或者身體的一個部位；然後，透過各種手段使自己進入積極、自信的狀態，也就是扮演勝利者；最後，「啟動」扳機點。反覆練習，使扳機點和勝利者面具形成條件反射。以後，在任何情況下，只要啟動扳機點，勝利者面具就會自動登場。

4 「移魂大法」

形成了一個面具，並且設置了扳機點，那麼，需要的時候，「按」一下扳機點，這個面具就會「自動」上身，搖身一變，變成另一個人。

這種方法很常用，也稱「換位思考」「角色轉換」。在心理諮詢過程中，諮詢師透過想像自己就是求助者並遇到了與求助者相同的問題，然後想像自己會有什麼感受，會怎麼想，會有什麼反應，從而瞭解求助者的心理狀態，從而達到共感和替代性內省的目的。

有一位社交恐懼症患者，我讓他「假裝」自己是警員，結果，他的症狀明顯減輕。但是，這種方法在現實生活中行不通，因為他並不是真正的警員。於是，我讓他假裝自己是便衣警員。從那以後，一出現社交恐懼症的症狀，他就會默念「我是便衣警員」，果然一下子變得自信起來了。

一個新手諮詢師，遇到一個棘手的問題，不知道怎麼處理。可以透過想像自己就是督導，讓督導「附身」，或者自問「如果我的督導遇到這種事情，他會怎麼做」來處理這個問題。

一位學員，她的老公性子很急，動不動就發脾氣。過去，老公無緣無故對她發脾氣，她的叛逆者面具就會出來，於是跟他吵架，然後冷戰好幾天。學了移魂大法以後，日後老公再發脾氣，她就調出安撫者面具，把老公安撫一番，老公立即怒氣全消。

人們之所以會陷入人際衝突或情感糾葛，痛苦不堪，卻不能自拔，就是因為習慣性地使用對自己不利的面具。所謂習慣，其實就是扳機點。一種情境，或者對方的一個面具，作為扳機點，啟動了當事人的某個面具，而這個面具會給當事人帶來不好的結果。由於缺乏「覺知」，當事人一直認為，自己的反應是必然的，在那種情境下只能使用那個面具，面具和情境是匹配的。「移魂大法」就是跳出情境，擺脫「必然性」，任意換用其他面具。這是對面具的一種超越，使面具的使用不再受制於情境。

人生本來就是一齣戲，我們常常因為入戲太深，假戲真做，而給自己帶來苦惱。現在，有意識地把人生當戲來演，我們就能遠離苦惱。

隱藏的人格面具

作　　者／黃國勝
主　　編／王俞惠
責任企劃／倪瑞廷
裝幀設計／倪旻鋒
內頁排版／唯翔工作室

第五編輯部總監／梁芳春
董事長／趙政岷
出版者／時報文化出版企業股份有限公司
108019台北市和平西路三段240號7樓
發行專線／（02）2306-6842
讀者服務專線／0800-231-705、（02）2304-7103
讀者服務傳真／（02）2304-6858
郵撥／1934-4724時報文化出版公司
信箱／10899 臺北華江橋郵局第99信箱
時報悅讀網／www.readingtimes.com.tw
電子郵件信箱／books@readingtimes.com.tw
法律顧問／理律法律事務所　陳長文律師、李念祖律師
印　　刷／勁達印刷有限公司
初版一刷／2020年9月18日
初版二刷／2022年7月18日
定　　價／新台幣350元

ISBN 978-957-13-8364-4　｜Printed in Taiwan｜

時報文化出版公司成立於一九七五年，並於一九九九年股票上櫃公開發行，
於二〇〇八年脫離中時集團非屬旺中，以「尊重智慧與創意的文化事業」為信念。

隱藏的人格面具：「心靈整合之父」榮格帶你揭開人們內心的衝突，
揭祕完美主義、討好型人格、焦慮、憂鬱等心理狀態的真正成因 / 黃國勝著.
-- 初版. -- 臺北市 : 時報文化, 2020.09
304面 ;14.8*21公分 (觀成長 ; 32)
ISBN 978-957-13-8364-4（平裝）
1. 榮格(Jung, C. G.(Carl Gustav), 1875-1961) 2.人格心理學　173.75　109013270